하나님
나의 하나님

하나님 나의 하나님

초판 1쇄 인쇄　2022년 12월 10일
초판 1쇄 발행　2022년 12월 20일

신고번호　제313-2010-376호
등록번호　105-91-58839

지은이　조용찬

발행처　보민출판사
발행인　김국환
기획　　김선희
편집　　김 건
디자인　김민정

ISBN　979-11-6957-005-3　　03230

주소　경기도 고양시 일산동구 연리지로 51, 라몬테이탈리아노 411호
전화　070-8615-7449
사이트　www.bominbook.com

• 가격은 뒤표지에 있으며, 파본은 구입하신 서점에서 교환해드립니다.
• 이 책은 저작권법에 의하여 보호를 받는 저작물이므로 무단 전재와 복사를 금합니다.

하나님 나라의 문을 여는 기도 모음집

하나님 나의 하나님

조용찬 지음

보민출판사

책을 내면서

**이 책을 펴내게 해주신 하나님께 감사드리며
모든 영광을 돌려드립니다.**

누구나 그랬듯이 필자도 젊은 시절에 진로에 대한 야망과 꿈이 많았다. 그러나 삼십 대까지 정체성이 형성되지 않은 소년기처럼 계획했던 진로 선택이 변덕스럽게 자주 바뀌었다.

그 야망과 꿈의 대표적인 로드맵은 자신을 치켜세우는 과시욕이었으며, 이를 나타내기 위해서 세계적인 명의 소리를 듣는 의사가 되겠다는 집념으로 학업에 열중하며 밤낮을 가리지 않고 책 속에 묻혀 지냈다.

그러나 어느 날 기독교와 교회에 대한 거부감이 많은 필자가 꿈 속에서 예수님을 영접하게 된다. 그리고 차츰 생각이 변하여 명의보다 세계를 다니면서 예수님의 말씀을 설교하는 목사가 더 멋있어 보였다.

필자는 철저한 유교 집안의 장손으로 태어나서 예수님과 교회는 생소했는데 내 안에 뭔지 모를 어떤 소용돌이와 함께 계획의 변화가 찾아와서 진로 방향이 바뀌고 개신교 성직자를 목표로 하여 대학 신학과에 편입하여 다시 새로운 항해가 시작된다.

주간에는 직장에 출근하고 야간에 등교하는 처지에서 경제적인 문제 등 여러 가지 어려움이 따르자 다시 마음이 바뀌어서 중견기업의 리더가 되는 게 진로의 마지막 희망으로 굳혀지게 된다.

그 후 세월이 많이 지나서 보통 사람이 소유할 수 없을 만큼의 큰 토지를 소유하고 기업의 대표로 활동했지만 우상숭배와 방탕함, 그리고 교만에게 모든 걸 내어주며 젊은 시절의 꿈은 모두 부식되고 빈손이 되었을 때 아내의 권유에 따라서 모든 걸 내려놓고 회개하며 하나님께 의지하게 된다.

아내의 애절한 기도를 통해서 주님의 음성을 듣고 자복하며 반복되는 회개 금식기도로 인하여 자아가 깨어지고 주님께 많은 은혜를 받게 된다.

지금은 참 그리스도인이 되고자 회개하며 하나님 나라의 가치관을 몸에 익히고 있다. 그리고 세상에 대한 야망이 천국의 소망으로 바뀌어서 세상의 소풍 길을 여행하는 행복한 주님의 자녀가 되어서 화장품 등을 제조하는 조그마한 중소기업인으로 활동하고 있다.

아내는 가끔씩 필자가 의사가 되었다면 여러 사람이 불구자가 됐고, 목사가 되었다면 많은 성도들을 시험 들게 하여 하나님께 진노를 받았을 거라고 한다.

필자가 연구와 개발을 좋아하고 고집이 완고한 성격 탓에 나온 말이라고 하는데 진심은 필자가 젊었을 때의 꿈을 이루지 못한 위로의 표현이라고 한다.

의사의 꿈은 이루지 못했지만 국내는 물론 미국, 호주 등 세계 20여 개국에 다니면서 제조업체에서 잘못 만들어지는 화장품과 세제류를 교정해서 치료해주는 일이 직업이 되었고, 목사는 못 되었지만 헤아릴 수 없을 만큼 많은 업체와 전문인들에게 화장품과 세제류에 관련하여 강의하는 축복을 받았다.

내 야망과 꿈은 이루지 못했지만 나를 잘 아시는 하나님 나의 하나님께선 내가 가야 할 길을 이미 예비하셨고, 나를 위로하시며, 나의 이야기를 들어주시고, 여전히 나를 만들어가고 계신다. 그리고 내게 주시는 꿈은 가슴을 설레게 한다.

숨을 들여 마시고 내쉴 때마다 회개해도 부족한 죄인이 감히『하나님 나의 하나님』이라는 제목으로 기도 모음집인 본서의 출간 계획을 세울 때 매우 두려웠다.

그러나 필자의 짧은 간증과 기도가 하나님께 영광 돌리고 복음 전하는 일에 미흡하나마 조금이라도 보탬이 되고 쓰임 받는 일이 되었으면 하는 간절한 마음을 담은 회개와 기도의 결실로 본서를 출간하게 되었다.

본서는 형식과 틀에 얽매이지 않고 필자가 출석하고 있는 교회 (남양 감리교회)에서 13년간 주일예배 때 드린 대표기도와 아내의 기도, 그리고 교회 주보지에 실린 『주일 공동기도』를 함께 옮겼으며 기도문 하단에 메모할 수 있는 공간을 비워두었다.

본서에 하나님 나라의 문을 여는 기도 모음집이 되었으면 하는 간절한 마음을 담았으며, 필자가 출석하고 있는 남양 감리교회의 공동기도가 우리 모두의 공동기도가 되기를 희망한다.

끝으로 본서가 대표기도를 준비하시는 분들께 도움이 되고, 기도함으로 하나님과 함께 승리하는 진리를 독자 여러분들과 나누고 싶다.

- 2022년 12월
독백 **조용찬**

차례

책을 내면서 _ 4

제1부. 필자의 대표기도(조용찬 권사) _ 12
제2부. 아내의 대표기도(엄경자 집사) _ 74
제3부. 주일 공동기도문(남양 감리교회) _ 86

제1부
필자의 대표기도

남양 감리교회 **조용찬** 권사

"주께서 내게 복을 주시려거든
나의 지역을 넓히시고 주의 손으로 나를 도우사
나로 환난을 벗어나 내게 근심이 없게 하옵소서."(역대상 4:10)

할렐루야 주님의 이름을 찬양합니다!

나의 하나님 우리의 하나님 아버지!
　우리를 선하게 지켜주시고 인도해주시는 주님의 크신 사랑과 은혜에 감사와 찬양과 영광을 드립니다.

　하나님 아버지 우리는 주님의 은혜가 아니면 살아갈 수가 없음을 고백합니다. 주님의 은혜 속에 살면서 주님께 영광 돌리지 못하고, 교만하고, 비겁하고, 주님의 자녀답지 못한 죄를 지었다면 하나님 아버지 이 시간을 통해서 회개하오니 우리를 긍휼히 여기셔서 용서하여 주시고 변화시켜 주셔서 주님의 자녀로 거듭나는 은혜를 주시옵소서.

　하나님 아버지 이 시간 우리 성도님들, 하나님 아버지께 예배로 영광 돌리오니 기쁘게 받아주시고 성도님들의 기도를 들어주셔서 어려운 문제는 모두 해결되고, 기도드릴 때, 말씀 들을 때, 성령님 임재하여 주셔서 성도님들의 소원과 기도의 제목들이 다 이루어지는 응답의 예배시간이 되기를 간청드립니다.

　하나님 아버지 이 시간을 통해서 주님께서 우리를 향한 소명이 무엇인지 성령님께서 함께 하여 주셔서 우리의 무력한 심령이 깨어나는 시간이 되기를 원합니다.

귀하게 세워주신 목사님을 축복하여 주셔서 생명의 말씀을 증거하실 때 성령님께서 함께 하여 주시고 목사님을 보필하시는 사모님의 심령도 강건하게 붙들어 주시옵소서.

목사님 가정이 경제적으로 어려움이 없도록 물질도 넉넉하시게 채워주시고 세상적으로도 근심과 걱정의 사탄이 조금도 틈타지 않도록 하나님 아버지 지켜 주시옵소서.

목사님의 자녀분들에게도 주님의 사랑과 은혜 함께 하여 주실 것을 믿습니다. 우리 교회 여러 곳에서 봉사하시는 성도님들에게도 주님의 귀하신 사랑과 은혜 함께 하여 주시옵소서.

이 자리에 참석하지 못한 주님의 백성들도 함께 축복하여 주시옵소서. 이 시간 예배 첫 시간이오니 마치는 시간까지 우리 주님께서 함께 하여 주시옵소서.

부끄럽고 부끄러운 죄인 이 시간 회개하며 귀하신 예수 그리스도 이름으로 기도드립니다.

아멘.

할렐루야 주님의 이름을 찬양합니다!

부족한 것은 채워주시고 지켜주시는 하나님 아버지 감사와 영광을 드립니다. 주님의 은혜를 생각해보면 모두가 감사에 조건으로 가득한데 지난 한 주간 주님의 뜻에 순종하지 못했던 일들이 있었다면 하나님 아버지 이 시간을 통해서 회개하오니 저희를 시험에 들게 하지 마시고 긍휼히 여기사 용서하여 주시옵소서.

하나님 아버지 이 시간 귀하게 세워주신 담임목사님께 주님의 능력과 권능을 더하셔서 주님의 말씀을 증거하실 때 우리의 심령을 가로막는 사탄 마귀는 찢어지는 놀라운 역사가 일어나는 귀한 시간 되게 하여 주시옵소서.

말씀으로 인하여 몸이 아픈 성도님들에겐 치료의 은혜를 주시고 연로하신 성도님들에게는 장수하는 축복의 은혜 주실 것을 믿습니다.

말씀을 통해서 막힌 것은 뚫어지게 하시고, 저마다 계획하고 소망하는 일들이 주님 뜻 안에서 모두 이루어질 수 있도록 하나님 아버지 축복하여 주시옵소서.

우리 주님께 드리는 이 준비 기도가 하나님 아버지께 상달되어서 목사님과 우리 모든 성도님들이 축복과 은혜받는 시간 되기를 간절히 소망합니다.

특별히 목사님을 보필하시는 사모님과 교회 여러 곳에서 봉사하시는 성도님들께 우리 주님의 사랑과 은혜 넘치도록 부어 주시옵소서.

하나님 아버지 부족한 죄인 이 시간 참으로 회개하며 주님의 피조물로서 세계인을 대표하여 하나님 아버지께 간절히 간청드립니다.

하나님 아버지 이제 코로나로부터 해방될 수 있도록 마스크를 집어 던지게 하여 주시옵소서. 하나님 아버지 이제 용서하여 주시옵소서.

하나님 아버지 예배 첫 시간이오니 마칠 때까지 함께 하여 주시고 지켜 주시옵소서.

범사에 감사드리며 부족한 죄인을 살려주시고, 회개하게 만들어 주신, 우리 주 예수 그리스도 이름 받들어 기도드립니다.
아멘.

할렐루야 주님의 이름을 찬양합니다!

사망과 죽음의 권세를 이기시고 부활의 소망을 주신 우리 주님을 사랑합니다. 홀로 영광 받으시옵소서.

오늘 성스러운 부활절에 이 성전에 우리 주님께서 임재해 계심을 믿고 이 자리에 나왔습니다.

사랑하는 하나님 아버지!
이 예배를 기쁘게 받아 주시옵소서.

기쁘고 영광스러운 날에 저희들이 주님 보시기에 선하지 못했던 일들이 있었다면 간절한 마음으로 이 시간을 통해서 회개하오니 저희를 불쌍히 여기사 긍휼히 여기사 용서하여 주시옵소서.

하나님 아버지! 지금 이 시간에도 코로나 바이러스로 인해서 주님의 피조물인 세상의 모든 거민들이 두려움과 공포 속에서 혼돈하며 혼란을 겪고 있습니다.

경제가 어려워지고 서로가 불신하며 주님 성전에 모이는 것조차 힘들어지고 있습니다.

하나님 아버지! 이제 용서하시고 해결하여 주시옵소서.

두려움과 혼란으로부터 온전하게 하시고 모든 것들이 예전처럼 회복되는 놀라운 역사가 일어나기를 간청드립니다.

특별히 우리 남양교회의 성도님들과 가족들을 지켜주시고 이 자리에 참석하지 못한 성도님들도 긍휼히 여겨 주시옵소서.

하나님 아버지! 말씀을 선포하시는 귀한 목사님께 기름 부음을 더하시어 말씀의 능력이 넘치게 하시고, 선포되는 말씀마다 모든 성도님들에게 축복의 힘이 넘치게 하여 주시옵소서.

목사님을 보필하시는 사모님과 교회 여러 곳에서 봉사하시는 성도님들께도 우리 주님의 사랑과 은혜 함께 하여 주시옵소서.

할렐루야 하나님 아버지께 감사드리며 모든 말씀 우리 주 예수 그리스도 이름으로 기도드립니다.
아멘.

할렐루야 주님의 이름을 찬양합니다!

부족한 것은 채워주시고 지켜주시는 하나님 아버지 감사와 영광을 드립니다. 지난 한 주간도 저희를 지켜주시고 농사와 직장과 사업을 축복해주셔서 무한히 감사드립니다.

주님의 은혜를 생각해보면 모두가 감사에 조건으로 가득한데 지난 한 주간 주님의 뜻에 순종하지 못했던 일들이 있었다면 하나님 아버지 이 시간을 통해서 회개하오니 저희를 시험에 들게 하지 마시고 긍휼히 여기사 불쌍히 여기사 용서하여 주시옵소서.

하나님 아버지!
이제 성숙한 믿음을 더해주셔서 허물로 인한 회개보다는 승리에 대한 감사의 기도가 넘치는 복된 날들이 되어서 하나님 나라에 신령한 양식을 쌓을 수 있는 우리 교회와 귀한 성도님들이 될 수 있도록 축복하여 주시옵소서.

하나님 아버지! 우리 남양교회의 안봉수 담임목사님과 사모님께서 멀리 이국에 성지순례 중에 계십니다.

두 분과 동행하시는 분들의 안녕을 지켜주시고 성지순례를 통해서 주님의 귀한 발자취를 느끼실 수 있는 축복된 시간들이 되실 수 있도록 주님의 크신 은혜와 사랑 함께 하여 주시옵소서. 아무 일 없이 무사히 우리 교회로 돌아오실 수 있도록 귀하게 지켜 주시옵소서.

오늘 우리 담임목사님을 대신해서 귀하게 세워주신 목사님께 능력과 권능을 더하셔서 이 시간 말씀을 통해서 우리 모든 성도님들이 막힌 것은 뚫어지게 하시고, 저마다 계획하고 희망하는 일들이 주님의 뜻 안에서 모두 이루어질 수 있는 축복을 주시옵소서.

우리의 눈과 심령을 가로막는 황충과 사탄 마귀는 찢어지는 놀라운 역사가 일어나는 축복의 시간이 되게 하여 주시옵소서.

말씀을 통해서 몸이 아픈 성도님들에겐 치료의 은혜를 주시고 연로하신 성도님들에겐 장수하는 축복의 은혜를 주실 것을 믿습니다.

할렐루야! 이 시간 주님께서 세워주신 목사님께도 영육 간에 강건함을 주시고 주님의 사랑과 축복 함께 하여 주시옵소서.

범사에 감사드리며 사랑하는 우리 주 예수 그리스도 이름 받들어 기도드립니다.
아멘.

할렐루야 주님의 이름을 찬양합니다!

2019년 새해 거룩한 첫 주님의 날을 열어주시고 하나님 아버지께 영광 돌리며 예배드릴 수 있도록 축복하여 주셔서 하나님 아버지 무한히 감사드립니다.

지난 한 해 동안 저희를 지켜주시고 보호해주신 하나님 아버지의 크신 사랑과 은혜에 할렐루야 진심으로 감사드립니다.

하나님 아버지 지난 한 해를 보내면서 주님 보시기에 합당하지 않은 일들이 있었다면 이 시간을 통해서 회개하오니 저희를 불쌍히 여기사 긍휼히 여기사 시험에 들지 말게 하시고 용서하여 주시옵소서.

하나님 아버지! 우리 성도님들 새해를 맞이하여 저마다의 일들을 계획하고 준비하고 있습니다. 계획하는 모든 일들이 주님의 뜻 안에서 만사형통할 수 있도록 축복하여 주시옵소서. 모두 이루어질 수 있도록 하나님 아버지 역사하여 주시옵소서.

새해에도 성령님의 놀라우신 역사가 우리 남양교회와 모든 성도님들과 가정에 함께 하실 줄 믿습니다.

믿음의 나이도 이제 한 살 더합니다.
성숙한 믿음과 성령 충만함을 주셔서 이제 성숙한 그리스도인이 되게 하여 주시옵소서.

하나님 아버지! 목사님께서 간청드리는 기도에 응답해주셔서 우리 교회에 착하고 선한 일꾼들을 많이 보내 주시옵소서.

말씀을 선포하시는 귀한 목사님께 기름 부음을 더하시어 말씀의 능력이 넘치게 하시고, 선포되는 말씀마다 모든 성도님들에게 축복의 힘이 넘치게 하여 주시옵소서.

목사님을 보필하시는 사모님과 교회 여러 곳에서 봉사하시는 성도님들께도 우리 주님의 사랑과 은혜 함께 하여 주시옵소서.

부족하고 부족한 죄인 이 시간 진실로 진실로 회개하며 드려지는 이 기도가 사랑하는 하나님 아버지께 꼭 상달되어서 응답하여 주실 것을 믿고 감사드립니다.

범사에 감사드리며 우리 주 예수그리스도 이름으로 기도드립니다.
아멘.

할렐루야, 주님의 이름을 찬양합니다!

감사하고 고마우신 하나님 아버지 저희가 감당하기 힘든 여러 가지 어려움에 처해 있을 때, 저희를 지켜주시고 사랑해주시는 크신 은혜에 할렐루야 감사드립니다.

그러나 저희는 하나님의 은혜를 잊어버리고 살 때가 많았음을 고백하지 않을 수 없습니다.

하나님 아버지! 이 시간 모든 잘못을 회개하오니 저희를 불쌍히 여기사 긍휼히 여기사 시험에 들지 말게 하시고 저희의 잘못과 허물이 있다면 용서하여 주셔서 성결케 하사 이 시간 예배드리기에 합당한 심령들이 되게 하여 주시옵소서.

단 위에 세우신 목사님 성령님께서 늘 함께 하시고 붙들어주시기를 원합니다. 오늘도 주님의 귀한 말씀을 선포하실 때에 말씀을 통해서 우리 모두 은혜받는 심령들이 되게 하여 주시옵소서.

우리 모두 주님의 영광을 나타내는 심령들이 되게 하여 주시옵소서. 우리 모두 구원받는 심령들이 되게 하여 주시옵소서.

우리 성도님들을 통해서 우리 주님이 살아계심을 나타낼 수 있도록 하나님 아버지 특별히 우리 교회를 축복해주실 것을 믿고 감사드립니다.

하나님 아버지 요셉이 많은 고난을 받을 때 하나님께서 함께 하신 것처럼 우리 모두에게 형통함의 은혜 내려주시기를 간절히 바라고 원합니다.

범사에 감사드리며 우리 주 예수 그리스도 이름으로 기도드립니다.
아멘.

할렐루야 주님의 이름을 찬양합니다!

감사하고 고마우신 하나님 아버지 부족한 저희들 한 주간도 지켜주시고 보호해주셔서 오늘 이렇게 기쁜 마음으로 하나님 전에 나와서 찬양과 예배드리게 하여 주심을 감사드리며 하나님 아버지께 영광 돌립니다.

하나님 아버지께서 항상 저희들에게 한없는 은혜와 사랑을 베풀어주셨는데 어리석은 저희들은 주님의 귀한 사랑을 잊고 살았는지 모릅니다.

세상 살면서 알게 모르게 지은 죄가 있다면 이 시간을 통해서 회개하오니 저희들의 어리석음을 불쌍히 여기사 긍휼히 여기사 용서하여 주시옵소서.

하나님 아버지 이 시간 큰 지진으로 인해서 고통받고 있을 네팔인들을 위해 기도드립니다.

네팔은 최악의 지진으로 인해서 건물과 땅이 무너졌고 살아가는 이들의 삶도 무너졌습니다. 가난한 땅이 더욱 황폐해졌습니다.

사랑하는 가족을 잃고 슬퍼하는 그들을 위로하여 주시옵소서.

여진을 멈추게 하여 주시고 더 이상의 사상자가 발생하지 않도록 아버지 도와 주시옵소서. 힌두교로 닫혀진 네팔 사람들의 마음이 하나님의 사랑으로 열리게 하여 주시옵소서. 이제 고통이 멈추고 우리 하나님의 놀라우신 사랑이 그들에게 함께 하시길 간청드립니다.

하나님 아버지께서 세워주신 우리 교회를 위해서 기도드립니다. 주님께서는 "오직 성령이 너희에게 임하시면, 너희가 권능을 받고 예루살렘과 온 유대와 사마리아와 땅 끝까지 이르러 내 증인이 되리라" 하시는 말씀을 주셨습니다.

주님께서 저희에게 증인이 되라 하심은 우리 교회 빈자리를 선하고 착한 사람들로 가득 채우라는 말씀과도 같습니다.

우리 교회 식구들 성령님 충만케 하여 주셔서 주님의 능력에 힘입어서 빛과 소금의 역할을 감당하게 하시고 주님의 영광과 향기를 나타내는 하나님 아버지의 자녀 되게 하여 주시옵소서.

그래야 믿지 않는 사람들에게 본보기가 되어서 많은 사람들이 감동을 받고 하나님 아버지께서 세워주신 우리 교회에 빈자리가 없이 선한 사람들로 가득 찰 것 같습니다.

이제 하나님의 자녀로서 가는 곳마다 화평을 만드는 사람들 되게 하여 주시옵소서.

손해를 보더라도 노하지 말고 상대를 배려하는 하나님의 자녀 되게 하여 주시옵소서. 자기의 허물을 보지 못하고 형제의 허물을 보는 성도님들 되지 않게 붙들어 주시옵소서. 잘못된 말과 행동을 살펴서 습관된 것을 고치고 늘 주님 안에서 새롭게 태어나게 하소서.

입술로만 주님의 증인이 되지 않게 하시고 마음과 행동이 아버지 보시기에 합당한 자녀들 되게 하여 주시옵소서.

하나님 아버지의 뜻과 계획이 우리 성도님들을 통해서 이루어지게 하시고 주님의 복음을 전파하고 주님의 나라를 확장시키는 우리 교회가 될 수 있도록 하나님 아버지 축복하여 주시옵소서.

하나님 아버지!
주의 사랑과 은혜를 간절히 사모하는 성도님들에게 한량없는 자비와 축복을 내려 주시옵소서.

간악한 병마와 싸우며 고통 중에 있는 주님의 자녀들을 도와주셔서 치유와 고민들이 회복됨을 경험하게 하시며, 사탄과 마귀의 유혹을 당하지 않게 새 힘과 용기를 주시옵소서.

가정의 여러 문제와 경제적인 문제로 고민하는 성도님들의 기도를 들어주시고 친히 응답해 주시옵기를 간절히 바라고 원합니다.

오늘도 성령의 기름 부음으로 주님의 귀한 말씀을 전하실 목사님 더욱 강건케 하시고 증거하시는 말씀을 통하여 우리 성도님들에게 큰 깨달음을 주시고, 큰 소망을 갖게 하여 주시고, 이제 선포될 말씀 붙잡고 충만한 은혜로 한 주간 동안 승리하는 삶을 살게 하여 주시옵소서.

목사님을 보필하시는 사모님과 주님의 몸 된 교회를 위하여 헌신하는 귀한 일꾼들을 붙들어주시고, 축복하여 주시옵소서.

지금은 시작하는 시간이오니 마치는 시간까지 오직 주님만이 임재하셔서 모든 성도님들에게 한량없는 축복 내려 주시옵소서.

살아계셔서 역사하시는 하나님 아버지께서 응답해주실 것을 믿고 감사드리며 우리 주 예수 그리스도 이름 받들어 기도드립니다.
아멘.

할렐루야 주님의 이름을 찬양합니다!

무소부지하신 나의 하나님 우리의 하나님 아버지!
오늘 저희들 십자가 공로로 힘입어서 기쁜 마음으로 성전에 나와서 주님께 찬양과 예배드리게 하여 주서서 감사합니다.

지난 한 주간도 주님께서 불꽃 같은 눈동자로 지켜주시고 보호해주심도 감사드립니다, 그러나 알게 모르게 지은 죄가 있다면 이 시간을 통해서 회개하오니 용서하여 주시옵소서.

특히 대표해서 기도드리고 있는 죄인은 믿음이 적고, 남 탓하기 좋아하며, 직분에 충실하지 못하고 있는 죄인 중에 죄인입니다.

하나님 아버지 진실로 진실로 이 시간 회개하오니 부족함이 많은 죄인의 허물을 불쌍히 여기시고 긍휼히 여기사 용서하여 주서서 지금 드리는 이 기도가 사랑하는 하나님 아버지께 충분히 상달되기를 불쌍한 제 영혼이 우리 주님께 간곡히 간청드립니다.

하나님 아버지 저희들 천국에 소망을 두고 잠시 세상의 소풍 길을 걷고 있습니다. 세상의 소풍 길에서 하나님 아버지의 귀한 자녀 되게 하여 주심을 감사드립니다.

 소풍 길에서 저희들 심령 안에 하나님의 불이 꺼지지 않기를 소망합니다. 소풍 길에서 어디를 가든지 무엇을 하든지 하나님께 영광 돌리게 하여 주시옵소서.

 소풍 길에서 주님께서 저희들에게 원하시고 뜻하시는 일이 무엇인지 깨닫게 하여 주시옵소서. 소풍 길에서 저희들이 입술로 하는 말들이 그대로 다 이루어진다는 진리도 깨닫게 하여 주옵소서.

 소풍 길에서 어려움을 겪는 교우들이 있다면 주님께서 은혜를 베풀어 주시옵소서. 소풍 길에 예비해주신 우리 남양교회를 축복하여 주시옵소서. 소풍 길에서 귀한 목사님을 만나게 해주신 것은 주님의 뜻과 계획이 계시는 줄 압니다.

 이 시간 말씀 전하시는 목사님께 영육 간에 강건함을 주시고 주님의 성령님 언제나 함께 하시어서 말씀을 증거하실 때 죽었던 심령이 다시 살아나는 놀라운 역사가 일어나게 축복하여 주시고, 말씀을 통해서 묶인 것이 풀리고 막힌 것이 뚫리게 하시고, 생각의 질병, 육신의 질병이 치유되는 놀라운 역사가 오늘 우리 남양교회에서 일어나게 하옵소서.

 귀한 말씀 들을 때마다 회개와 감사가 넘치게 하시고 성령님 충만케 하시옵소서.

감사하고 고마우신 하나님 아버지!
소풍 길에서 만난 이 나라는 정치와 경제 그리고 문화가 심각하게 어려움에 처해 있습니다.

소풍 길에서 저희들 아름다운 길을 거닐 수 있도록 하나님 아버지, 이 나라를 축복하여 주셔서, 남북 간의 문제와 계층 간에 갈등을 해소시켜 주시고, 위정자들이 어떤 경로를 통하든, 주님의 자녀 되게 하여 주셔서 주님 뜻 안에서 이 나라가 안정될 수 있도록 지켜 주시옵소서.

소풍 길이 끝날 때 저희들 모두 두렵지 않고, 기쁜 마음으로 주님의 나라에 들어갈 수 있도록 믿음이 흔들리지 않게 우리 교회 식구들 아바 아버지 붙잡아주시고, 복에 복을 더해 주시옵소서.

목사님을 보필하시는 사모님과 교회에 여러 곳에서 봉사하는 손길마다 하나님 아버지 축복하여 주시고, 운행을 담당하는 권사님과 피아노 반주자에게도 하나님 아버지의 사랑과 은혜 함께 하여 주시옵소서.

부끄러운 죄인 이 시간 회개하며 살아계셔서 역사하시는 하나님 아버지께 예수 그리스도 이름 받들어 기도드렸습니다.
아멘.

할렐루야 주님의 이름을 찬양합니다!

은혜를 베푸시려고 우리를 주님의 성전으로 인도하여 주셔서 하나님 아버지 감사합니다. 우리의 몸과 마음을 다하여 하나님 아버지께 영광과 찬양드리오니 기쁘게 받아 주시옵소서.

지난 한 주간 주님께 영광 가린 것들이 있었다면 하나님 아버지 어리석음을 고백하고 회개하오니 저희를 긍휼히 여기셔서 모든 죄와 허물을 용서하여 주시옵소서.

하나님 아버지! 우리 남양교회를 위해서 기도드립니다.

우리 성전에 빈자리가 너무 많습니다.
빈자리가 자꾸 늘어나고 있습니다.

하나님 아버지 우리 교회를 축복하여 주셔서 우리 교회를 사용하여 주시옵소서. 우리 교회가 사탄 마귀를 쫓아내고 치료에 으뜸으로 응답받는 주님의 귀한 성전이 되게 하여 주시옵소서.

연로하신 성도님들도 건강하게 장수하는 축복을 주셔서 우리나라에서 장수로 으뜸가는 교회가 되어서 세상 사람들이 주님의 은혜를 받고자 전국에서 찾아오는 주님의 귀한 성전이 되기를 간절히 간청드립니다.

우리 교회가 기도의 제목마다 응답받는 축복의 통로가 되는 주님의 성전이 될 수 있도록 하나님 아버지 목사님께 더 많은 권세를 주셔서 우리 교회를 사용하게 하여 주시옵소서.

우리 남양교회가 전국에서 으뜸으로 사탄 마귀를 몰아내고 장수하며 기도의 제목들마다 응답받는, 통로가 되는, 주님의 귀한 성전이 되기를 간절히 원합니다.

하나님 아버지 우리 교회가 세상에 널리 알려져서 많은 영혼들이 우리 교회를 찾아와서 축복받는 기적 같은 일이 현실이 될 수 있도록, 부흥의 역사가 일어날 수 있도록 하나님 아버지 우리 교회를 사용하여 주시옵소서.

우리 교회가 축복받기 위해서 우리 교회 성도님들에게서 주님의 향기가 묻어나야 하겠습니다. 우리 교회가 축복받기 위해서 주님의 사랑을 심고 다니는 귀한 성도님이 되어야 하겠습니다.

나의 하나님 우리의 하나님 아버지!
세상 사람들에게 본보기가 될 수 있도록 우리 교회 모든 성도님들에게 주님의 놀라우신 은혜와 축복 내려주실 것을 믿습니다.

　귀하게 세워주신 목사님을 축복하여 주셔서 영육 간에 강건함을 더하여 주시고 목사님을 보필하시는 사모님과 교회 여러 곳에서 봉사하시는 성도님들에게도 우리 주님의 사랑과 은혜 함께 하여 주시옵소서.

　이 기도가 주님께 상달되어서 응답받기를 믿사오며 우리 주 예수 그리스도 이름으로 기도드립니다.
　아멘.

할렐루야 주님의 이름을 찬양합니다!

감사하고 고마우신 하나님 아버지!
주님의 이름을 찬양합니다.

주님께서 네가 어디 있느냐?
물으실 때 거룩한 주님의 날 세상에 있지 않고 주님께 영광 돌리며 선택받고자, 주님을 만나고자 이 자리에 나왔습니다.

하나님 아버지!
한 주간도 저희들 알게 모르게 지은 죄와 허물이 있다면 이 시간 회개하오니 용서하여 주시고, 복음의 빚을 탕감하여 주셔서 주님께서 기쁨으로 받으시는 예배가 되게 하여 주시옵소서.

이 시간 주님 앞에 거룩한 예배자가 되기를 원합니다.

하나님 아버지!
귀하게 세워주신 우리 목사님을 축복하여 주셔서 말씀을 선포하실 때 상한 심령은 위로받고 병 중에 있는 성도님들은 치료와 회복의 역사가 일어날 수 있도록 축복하여 주실 것을 믿습니다.

선포되는 말씀을 통해서 우리 모두 성령 받고 세상을 향해 왕 같은 제사장이 되어서 주님께 귀하게 쓰임 받는 백성들이 되기를 원합니다.

이 시간 선포되는 말씀을 통해서 주님의 섭리를 깨닫게 하옵소서. 말씀을 통해서 주님의 나라와 주님의 의를 먼저 구하는 축복된 백성들이 되고 말씀을 통해서 감사가 넘쳐나는 삶이 되고 거룩함이 드러나는 삶이 되게 하옵소서.

말씀을 통해서 간구드리는 기도의 제목들이 다 응답받는 축복의 통로가 되게 하옵소서.

하나님 아버지!
우리 성전에 연로하신 성도님들이 많이 계십니다.

장수하는 축복을 주시고 걱정과 근심은 다 주님께 맡기고 믿음으로 평안을 누리는 건강한 삶이 될 수 있도록 하나님 아버지 특별히 연로하신 성도님들 주님께서 늘 인도하여 주시옵소서.

감사하고 고마우신 하나님 아버지!

우리 목사님의 기도에 응답하여 주셔서 우리 성전에 선한 일꾼들을 많이 보내주시고 빈자리가 없도록 축복하여 주실 것을 믿습니다.

목사님을 보필하시는 사모님과 교회 여러 곳에서 봉사하시는 성도님들에게 우리 주님의 사랑과 은혜 함께 하여 주시옵소서.

자존심 강하고 배려가 부족하며 주님 일을 게을리하고 있는 죄인 이 시간 진실로 진실로 회개하며 이 기도가 주님께 상달되어서 응답받기를 간구드리며 우리 주 예수 그리스도 이름으로 기도드립니다.
아멘.

할렐루야 주님의 이름을 찬양합니다!

오늘 우리 성전에 주님께서 임재해 계심을 믿고 기쁜 마음으로 이 자리에 나왔습니다.

사랑하는 하나님 아버지!
이 예배를 기쁘게 받아 주시옵소서.

코로나 바이러스로 인하여 우리 교회 성도님들 모두 주님 성전에 모이지 못했지만 주님께서 함께 축복하여 주실 것을 믿고 감사드립니다.

코로나 바이러스로 인하여 세계적으로 많은 이들이 혼란 속에서 고통을 겪고 있습니다.

경제가 어려워지고 서로가 불신하며 보이지 않게 경계와 의심의 장벽을 쌓고 있습니다.

사랑하는 하나님 아버지!

이제 두려움과 혼란으로부터 온전하게 하시고 코로나 바이러스를 종식시켜 주시옵소서. 그리고 모든 것들이 예전처럼 회복되는 주님의 놀라운 역사가 임하시기를 간청드립니다.

하나님 아버지 이런 어수선한 시기에 우리의 주인 되시는 주님의 사랑의 백신이 연약하고 부족한 우리 남양교회와 성도님들께 임재하셔서 단 한 사람도 코로나 바이러스에 감염되지 않게 지켜 주셔서 할렐루야 감사드립니다.

주님의 은혜에 조금이라도 보답드리기 위해서 우리 교회와 성도님들이 이 지역에서 하나님의 영광을 드러내는 놀라운 일들이 많이 일어날 수 있기를 간청드립니다.

사랑하는 하나님 아버지!
우리 교회에 연로하신 성도님들이 많이 계십니다.

주여! 장수하는 축복을 주시고 건강하게 사실 수 있도록 은혜를 더하여 주시옵소서.

몸이 불편하거나 어려움과 여러 문제로 기도하시는 성도님들의 기도에 응답하여 주시고 움츠려 있는 우리의 영혼이 주님의 은혜로 생기가 넘쳐나게 하사 주님께 잘했다 칭찬받는 일들을 하게 하시고 하나님 아버지께 영광 돌리는 성도님들이 되게 하여 주시옵

소서.

하나님 아버지!

말씀을 선포하시는 귀한 목사님께 기름 부음을 더하시어서 말씀의 능력이 넘치게 하시고, 선포되는 말씀마다 모든 성도님들에게 축복의 힘이 되고 은혜가 넘쳐나게 하여 주시옵소서.

목사님을 보필하시는 사모님과 교회 여러 곳에서 봉사하시는 성도님들께도 우리 주님의 사랑과 은혜 함께 하여 주시옵소서.

부족한 죄인 회개하며 모든 말씀 우리 주 예수 그리스도 이름으로 기도드립니다.

아멘.

할렐루야 주님의 이름을 찬양합니다!

무소부지하시며 전지전능하신 나의 하나님, 우리의 하나님 아버지 복된 주일을 맞이하여 하나님 성전에 나와서 하나님 아버지께 찬양하며 예배드리게 해주시니 하나님 아버지 감사합니다.

지난 한 주간을 보내면서, 하나님 보시기에 부끄러운 일이 있었다면 하나님 아버지 이 시간을 통해서 회개하오니 시험에 들지 말게 하시고 저희를 불쌍히 여기사 긍휼히 여기사 용서하여 주시옵소서.

우리의 앞길을 예비해주시고 항상 지켜주시는 하나님 아버지 할렐루야 감사하고 고맙습니다. 사나 죽으나 우리 모두는 주님의 것이며 주님은 우리의 구주이십니다.

저마다 생각하고 하는 일들이 서로 다르지만, 우리 모두는 주님을 의지하며, 주님을 사랑합니다.

나의 힘이 되시고 우리의 힘이 되시는 사랑의 하나님 아버지 이제 설 명절이 며칠 남지 않았습니다.

설 명절을 맞이하여 일가친척들이 오고 가는 길, 안전 지켜주시고 믿지 않는 이들이 있다면 이번 설 명절을 통해서 구원의 기쁜 소식 전하는 귀한 시간 될 수 있도록 하나님 아버지 함께 하여 주시옵소서.

하나님 아버지!
우리 성전에 연로하신 성도님들이 많이 계십니다.

아프지 않게 건강 지켜주시고, 근심 걱정의 사탄들은, 찢어지고, 쪼개어 주시옵소서. 늘 감사와 화평이 넘치며 장수하는 삶이 될 수 있도록 하나님 아버지 크신 은혜를 베풀어 주시옵소서.

하나님 아버지 우리 성전은 기쁨이 넘치는 교회, 서로 사랑하는 교회, 말씀을 통해서 치료받는 교회, 묶인 것들이 있다면 다 풀리는 교회가 되게 하시고, 범사가 잘 되는 성전이 될 수 있도록 하나님 아버지 우리 교회를 축복하여 주시옵소서.

오늘 선포되는 목사님의 말씀을 통해서 저마다 여러 사정과 기도의 제목들이 모두 해결 받는 귀한 시간 되기를 원합니다.

말씀을 전하시는 목사님 축복하여 주시고 영육 간에 강건함을 지켜 주시옵소서.

목사님을 보필하시는 사모님과 교회 여러 곳에서 봉사하시고 수고하시는 성도님들께도 주님의 사랑 함께 하여 주시옵소서.

범사에 감사드리며 우리 주 예수그리스도 이름 받들어 기도드립니다.
아멘.

할렐루야 주님의 이름을 찬양합니다!

전지전능하시며 사랑과 은혜가 많으신 하나님 아버지!
주님의 사랑과 은혜에 찬양과 감사를 드립니다.

감히 주님 앞에 설 수 없는 죄인 중에 죄인이 형제, 자매님들을 대표해서 기도드리고 있습니다.

하나님 아버지 회개하오니 저를 불쌍히 여기사 긍휼히 여기사 용서하여 주시옵고, 이 시간 드리는 기도가 주님께 상달될 수 있도록 죄인에게 자비와 은혜를 베풀어 주시옵소서.

오늘도 거룩한 주일을 허락하셔서 주님의 사랑과 은혜를 사모하며 간절한 마음으로 주님을 찾아온 모든 성도님들에게 주님의 한량없는 사랑과 축복을 베풀어 주시옵소서.

한 주간도 저희를 세상 가운데서 지켜주시고 보호하여 주셔서 감사합니다. 알게 모르게 지은 죄가 있다면 하나님 아버지 이 시간을 통해서 회개하오니 용서하여 주시옵소서.

저희에게 생명을 주시고 천국에 희망을 주서서 감사합니다.

잠시 세상에 머물지만 주님의 은혜 속에서 유익하고 축복된 삶을 살고 싶습니다. 믿지 않는 자들에게 귀감이 되고 전도하며 주님을 기쁘게 해드리고 싶사오니 하나님 아버지 은혜를 베풀어 주시옵소서.

병마와 싸우며 고통 중에 있는 성도님들이 있습니까?
사탄의 유혹에 시험당하고 있는 성도님들이 있습니까?

가정에 여러 문제와 경제적인 문제로 고민하며 갈등하는 성도님들이 있다면, 하나님 아버지 자비와 은혜를 베푸셔서, 오늘 예배 시간을 통하여 성령님의 역사와 함께 선포되는 목사님의 말씀으로 모든 것을 풀어주시고, 모든 것을 해결하여 주실 것을 간절히 바라고 원합니다.

하나님 아버지 우리 교회에 연로하신 성도님들이 많이 계십니다. 저 천국 가시는 날까지 아프지 않고, 건강하게 장수하는 축복을 주시옵소서.

하나님 아버지 우리 교회와 말씀을 전하시는 귀한 목사님을 축복하여 주시옵소서.

보필하시는 사모님과 교회 여러 곳에서 봉사하시는 성도님들에게도 주님의 사랑과 은혜 함께 하여 주시옵소서.

범사에 감사합니다.

부족하고 못난 죄인 회개하며 우리를 죄에서 구원하신 예수 그리스도 이름으로 기도드립니다.
아멘.

할렐루야 주님의 이름을 찬양합니다!

무소부지하시며 저희들의 사정을 두루 다 알고 계시는 나의 하나님 우리의 하나님 아버지! 부르짖으면 응답해주시고 위로해주시는 주님을 참으로 경배하며 사랑합니다.

모든 영광과 찬양을 기쁘게 받아 주시옵소서.

저희가 살고 있는 이 시대의 국제정세는 너무 위태롭고 이 나라의 정치는 질서가 없고 혼탁해 있으며 경제는 바닥으로 내려앉고 있습니다.

하나님 아버지 저 북한의 김정은이가 우리 주님께서 살아 계시다는 사실을 단 0.1%라도 일찍 알게 하여 주시고, 이 나라의 정세와 경제도 하루속히 안정될 수 있도록 하나님 아버지 지켜 주시옵소서.

불확실성이 너무 강한 이 시대에 저희들의 가정과 직장 그리고 농토와 사업을 지켜주셔서 하나님 아버지 참으로 감사하고 감사합니다.

"세상에 살면서 고난이 닥치더라도 시험에 들게 하지 마옵시고 내게 능력 주시는 자 안에서 내가 모든 것을 할 수 있느니라." 하는 사도바울의 고백처럼 하나님을 묵상하고, 크신 하나님을 높여드리며, 크신 하나님이 주시는 능력으로 살아가기를 원합니다.

하나님 아버지!
내 안에 하나님이 계시게 하옵소서.

하나님 아버지!
내 안에 우리 주님의 능력과 권능이 있게 하옵소서.

하나님 아버지!
내 안에 주님의 크신 사랑과 용서가 있게 하옵소서.

하나님이 내 안에 계심으로 늘 주님과 교제하고 싶습니다.

하나님이 주시는 능력과 권능으로 사탄과 마귀를 내쫓으며, 형제들의 병을 고치고, 여러 문제에서 해결되며, 경제적으로 윤택하게 살고 싶습니다.

아바 아버지께서 주시는 크신 사랑과 용서로 잠시 세상에 머무는 동안 서로 사랑하며, 주님을 기쁘게 해드리고 세상에서도 꼭 필요로 하는 존경받는 인격체로 살아가고 싶습니다.

낙숫물을 받기 위해서 처마 밑에 작은 그릇을 놓으면 낙숫물이 금방 가득 채워질 것 같지만 낙숫물이 가득 채워지기 전에 떨어지는 힘으로 낙숫물이 그릇 밖으로 튀어 나가서 가득 받기란 불가능합니다.

그러나 낙숫물을 받기 위해서 큰 그릇을 놔두면 낙숫물을 가득 채우는 데 다소 긴 시간이 필요하지만 결국 낙숫물이 튀어도 제 그릇 안으로 튀기 때문에 넓고, 큰 그릇은 낙숫물을 가득 채우고도 넘칠 수 있게 가득 받을 수 있게 됩니다.

하나님 아버지 우리 모두의 믿음과 삶이 이와 같이 넓고 큰 그릇이 될 수 있도록 주여! 축복하여 주시옵소서.

하나님 아버지 우리 교회에 연로하신 성도님들이 많이들 계십니다.

주여!
장수하는 축복을 주시고, 늘 기쁜 마음으로 주님께 영광 돌리며 살아가는 우리 성도님들이 될 수 있도록 은혜 내려 주시옵소서.

이 시간 말씀을 전하시는 목사님께 주님의 능력과 권능을 듬뿍 주셔서 성도님들을 이끄시는 데 부족함이 없도록 축복하여 주시고 영육 간에 강건함을 지켜 주시옵소서.

목사님을 보필하시는 사모님께도 주님의 사랑 함께 하여 주시옵소서.

감사드리며, 하나님 아버지를 사랑하는 부족한 죄인, 이 시간도 회개하며 우리 주 예수 그리스도 이름 받들어 기도드립니다.
아멘.

할렐루야! 주님의 이름을 찬양합니다.

우리의 힘이 되시고 소망이 되시는 나의 하나님 우리의 하나님 아버지!

감사하고 고마우신 하나님 아버지를 경배하며 찬양합니다.

한 주간도 주님의 사랑과 은혜로 저희들을 지켜주시고 거룩한 주일을 맞아 주님 성전에 나와서 예배드리게 하여 주시니 하나님 아버지 참으로 감사하고 감사합니다.

한 주간을 지내면서 하나님의 말씀보다 세상의 가치와 유혹에 흔들리고 주님의 뜻보다 편리한 내 습관, 내 욕심을 내세워서 하나님 보시기에 합당치 않은 삶이 있었다면 하나님 아버지 이 시간을 통해서 회개하오니 나약한 저희들의 믿음을 불쌍히 여기사 긍휼히 여기시고 시험에 들지 말게 하옵시며 용서하여 주시옵소서.

세상에 살다 보면 소망보다 절망을 만나는 일들이 많이 있습니다. 강건함보다는 질병으로 고통받는 일들이 있고, 행복한 시간보다는 힘들어하는 시간, 마음에 상처를 받아서 기쁨을 잃어버리거나, 경제적으로 어려움을 겪는 일들이 발생되기도 합니다.

세상에 살다 보면 직장문제, 사업문제로 고심하고, 학교문제, 결혼문제로 고뇌하는 일들도 생기게 됩니다.

하나님 아버지 혹이라도 우리 믿음의 식구들에게 이러한 문제가 생기거나 발생되는 기미가 보인다면, 저희를 시험에 들지 말게 하시고 담대한 믿음으로 내 영혼이 잘 됨같이 범사가 잘 되고 강건해지는 축복을 주셔서 우리를 해롭게 하거나 앞을 가로막는 일들이 있다면 예수의 피, 그리스도의 권세와 능력으로 모두 물리쳐 주시고, 이제 절망이 소망으로 바뀌고, 질병이 강건함으로 바뀌며, 여러 가지 고민들이 모두 해결될 수 있는 오늘의 귀한 예배시간 되기를 주님께 간곡히 바라고 원합니다.

믿지 않는 자들에게 본보기가 되는 저희들의 삶이 되기를 바라고 원합니다. 우리 모두는 주님의 자녀이기 때문에 이 시대를 이끌어야 할 황태자들이며, 귀한 주님의 딸들입니다.

드라마나 역사에 나오는 왕자나 공주보다 더 값지고 값진 주님의 귀한 자녀임을 깨닫는 시간 되기를 원하고 원합니다.

말씀을 전하시는 목사님께 강건함을 잃지 않게 축복하여 주시고 보필하시는 사모님께도 주님의 사랑과 은혜 함께 하여 주시옵

소서.

　날마다 목사님께서 우리 남양교회에 빈자리 없이 많은 사람들로 가득 채워 달라고 하나님 아버지께 밤낮으로 부르짖으며 간구드리는 기도에 응답하여 주시기를 우리 교회 모든 성도님들과 함께 간절히 바라고 원하오니 하나님 아버지 이루어질 수 있도록 역사하여 주시옵소서.

　시작하는 첫 시간이오니 저희를 성결케 하사 예배드리기에 합당한 심령들이 되게 하여 주셔서 심령과 진정으로 예배드리게 하여 주시고 마치는 시간까지 지켜 주시옵소서.

　미련하고 부족한 죄인 이 시간 회개하며 예수 그리스도 이름으로 기도드립니다.
　아멘.

할렐루야 주님의 이름을 찬양합니다!

항상 살아계셔서 우리 교회와 성도님들을 지켜주시고 보호하여 주시는 나의 하나님, 우리의 하나님 아버지 감사합니다.

부족하고 부끄러운 죄인 오늘도 주님의 은혜로 회개하며 우리 모두 아버지께 감사기도 드릴 수 있는 시간 허락하여 주셔서 하나님 아버지 참으로 감사합니다. 돌이켜보면 하나님 아버지께 감사하지 않을 수 없는 일이 없습니다.

지난 한 주간도 불꽃 같은 눈동자로 우리의 영혼을 살피시고 실족하지 않게 보호하여 주시고 지켜주셔서 감사드립니다.

더욱 감사한 것은 자유가 없고 의사를 마음대로 표현할 수 없는 저 북한 땅에 저희들 거하지 않게 하시고, 자유로운 우리 대한민국에서 태어나게 하시고, 대한민국에서 살게 해주신 아바 아버지 은혜에 참으로 고맙고 감사합니다.

그뿐만 아니라 아프리카의 일부 국가에서처럼 기근과 치유하기 힘든 전염병에 허덕이지 않으며 살 수 있도록 이 나라와 우리 교회 식구들 축복해주시니 감사하고 감사합니다.

　세상에 살면서 눈으로 볼 수 있게 하여 주시고, 귀로 들을 수 있게 하여 주시고, 팔과 다리를 편안히 지체장애 없이 움직일 수 있도록 우리 교회 식구들 축복해주시고 은혜 주셔서, 하나님 아버지 참으로 감사하고 고맙습니다.

　부모님과 형제, 아내와 남편 그리고 자식들을 주셔서 감사하고, 편안히 거처할 수 있는 집을 주셔서 아버지 참으로 감사하고 감사합니다.

　사업할 수 있는 터전과 농사지을 수 있는 토지와 일할 수 있는 직장을 주셔서 하나님 아버지 감사하고 감사합니다.

　돌이켜보면 저희는 참으로 놀라운 하나님의 축복 속에서 살고 있습니다.

　이제 언제 어느 때라도 불평의 이유를 찾기보다는 아버지께 감사할 수 있는 이유를 찾게 하여 주시고 저희가 드리는 감사가 주님을 기쁘시게 할 수 있는 삶이 되게 하여 주시옵소서.

　작은 것에 감사하면 큰 것을 주시고 큰 것을 보고 감사하면 천국을 주시는 우리의 하나님 아버지 이제 감사는 불행도 축복으로 바꾸는 놀라운 통로임을 깨닫는 시간 되기를 원합니다.

감사함으로 인하여 그리스도 이름으로 승리하는 삶이 될 수 있도록 아버지 우리 교회 식구들 축복하여 주시옵소서.

예배 가운데 말씀을 전하시는 목사님께 주님의 은혜 함께 하시어서 전해지는 말씀마다 굳어진 우리의 마음이 열리고 말씀을 통해서 모든 성도님들이 축복받는 시간 되게 하여 주시옵소서.

목사님을 내조하시는 사모님께도 강건함을 지켜주시고 교회 여러 곳에서 묵묵히 수고하시는 성도님들과 운행을 감당하시는 권사님, 피아노 반주자에게도 하나님 아버지의 은혜와 축복 함께 하여 주시옵소서.

부족하고 부족한 죄인 회개하며 우리 주 예수 그리스도 이름 받들어 기도드립니다.
아멘.

할렐루야 주님의 이름을 찬양합니다!

우리를 구원하기 위하여 예수님을 이 땅에 보내주시고 부활을 주신 하나님 아버지를 경배하며 찬양합니다.

오늘 부활절을 맞이하여 사망을 이기신 부활의 주님을 만날 수 있는 시간 되기를 원합니다.

꿈결같이 지나가는 삶의 여정 속에서 우리들을 주님의 귀한 자녀로 삼아주서서 감사합니다.

죄에 눌려서 고통받던 우리를 사망에서 생명으로 구원하여 주시니 참으로 고맙습니다.

잠시 세상에 머물고 있지만 우리들 심령 안에 하나님의 불이 꺼지지 않기를 소망합니다.

조금이라도 주님의 은혜에 보답하기 위해서 세상에 있는 동안 입으로만 주님의 복음을 전하게 하지 마시고 회개하며, 저희들 몸에서 주님의 향기가 듬뿍 묻어나는 축복을 주시옵소서.

주님께서 너희는 그 행위를 보아 그들이 어떤 사람인지 알게 된다. 나더러 "주여, 주여!" 하는 자마다 다 천국에 들어가는 것이 아니다. 하늘에 계신 내 아버지의 뜻을 실천하는 사람이라야 들어간다. 하고 말씀하신 진리를 깊이 새기는 시간 되게 하여 주시옵소서.

목사님께서 밤낮 드리는 기도에 응답해주셔서 우리 남양교회에 선한 주님의 일꾼으로 빈자리 없이 가득 차기를 원합니다. 그러기 위해서는 우리들 몸에서 주님의 향기가 물씬 풍겨야 될 것 같습니다.

주님의 향기에 취해서 찾아오는 세상에 많은 사람들이 주님께서 세워주신 우리 교회를 가득 채우게 되고 그들을 주님께 인도함으로 말미암아 성도님들과 우리 교회가 주님의 말씀을 실천하고 아버지께 영광 돌리는 일들이 일어날 수 있도록 주여 목사님의 기도에 응답하여 주시옵소서.

주님의 향기는 실천하는 사랑입니다.

사랑은 오래 참고, 온유하며, 시기하지 않고, 교만하지 아니하며, 무례하지 않습니다.

그리스도의 향기는 이기적이지 않으며, 성내지 않으며, 진리와 함께 기뻐합니다.

그리스도의 향기는 형제의 허물을 감싸주고, 인내하며, 변함없이 사랑합니다.

그래서 우리 주님께서 믿음과 소망과 사랑 중에 제일은 사랑이라 하셨습니다.

잠시 머물고 있는 세상, 한낱 꿈결 같은 세상이지만, 어디서 살던지 주님의 향기를 풍기며, 천국 같은 삶을 살면서 주님께서 참 잘했다 칭찬받고 사는 우리 모두가 되어지기를 원합니다.

봄이 왔음에도 아직 마음은 겨울인 성도님들이 있습니까?

혹이라도 그런 성도님들이 계시다면 하나님 아버지 그들의 절망과 상처를 어루만져 주시고, 힘과 담대함을 주시옵소서.

육신이 아파하는 성도님들이 있습니까? 목사님의 기도와 설교 말씀을 통해서 하나님 아버지 치료하여 주시옵소서.

경제적으로 힘들어하는 성도님들이 있습니까? 하나님 아버지께서 부자시오니 경제적으로 어렵지 않게 해결하여 주시옵고 지혜를 주시옵소서.

근심과 걱정이 있는 성도님들에게는 담대함과 편안한 마음을 주셔서 그들의 마음에도 환한 봄날의 기운을 느끼게 하시옵소서.

고속도로 휴게소에서 잠시 쉬었다 가는 듯한 세상에 잠시 머물고 있는 저희를 불쌍히 여시시고 긍휼히 여기사 보호해주시고, 지켜주셔서 하나님의 나라에 갈 때까지 시험에 들지 않게 성령님 인도하여 주시옵소서.

이 시간 회개하며 드려지는 이 예배가 일생일대에 가장 귀한 시간이 되기를 원하오며 영생의 소망을 주신 주님께 감사와 찬양을 드리며 예수 그리스도 이름으로 기도드립니다.
　아멘.

할렐루야 주님의 이름을 찬양합니다!

하나님 아버지 감사합니다.
저희들에게 한 주일을 잘 지내게 하시고 오늘도 거룩하고 복된 주일을 믿음으로 맞게 하시고 말씀의 자리로 나오게 하시니 하나님 아버지 감사합니다.

이 시간 예배드리고 있는 저희 모두에게 하나님의 사랑과 은혜가 충만하시길 간구드립니다. 저희는 주님의 사랑과 은혜에 감사함으로 살고 있습니다.

좋은 교회를 주셔서 하나님 아버지 감사합니다.
좋은 목사님을 세워주셔서 감사합니다.
좋은 성도님들과 좋은 이웃을 만나게 해주셔서 하나님 아버지 감사합니다.

감사로 말미암아 죽을 수밖에 없는 영혼을 구원해주셔서 감사합니다.
감사로 말미암아 병들었던 육체를 치료해주셔서 감사합니다.
감사로 말미암아 빈곤한 가정을 부하게 만들어주셔서 감사합니다.

감사로 말미암아 불행을 행복으로 바꾸어주셔서 감사합니다.

감사로 말미암아 미운 사람을 위하여 기도할 수 있게 축복해주셔서 감사합니다.

감사는 불행을 축복으로 바꾸는 통로라는 지혜를 주셔서 참으로 감사합니다. 불평을 찾기보다 감사의 이유를 찾아서 감사로 주님을 기쁘시게 할 수 있는 삶이 되게 하여 주시옵소서.

늘 감사함으로 인생을 성공으로 끌어 올리는 삶을 살게 하시고 넘치는 감사로 섬기는 교회가 부흥되고 전도되며 주변 곳곳을 풍요롭게 할 수 있는 저희들 될 수 있도록 하나님 아버지 축복하여 주시옵소서.

하나님 아버지!
성도님들 각 가정에 우리 주님의 성령님 늘 함께 하여 주셔서 혹이나 염려와 불안한 마음이 있다면 모두 사라지게 축복하여 주시고 아프고, 상한 마음들도 모두 치료해주셔서 날마다 승리의 기쁨을 갖게 하시며 가정의 여러 문제와 자녀들 문제 그리고 경제적인 문제로 고민하며 간구드리는 성도님들의 기도를 주님께서 들어주시고 친히 응답해 주시옵기를 바라옵고 원합니다.

병마와 싸우며 고통 중에 있는 성도님들을 도와주시고 사탄과 마귀의 유혹을 당한 성도님들이 있다면 힘과 용기를 주셔서 사탄의 이익과 탐욕에 마음이 빼앗기지 않게 하시옵소서.

험하고 어두운 세상에서 나의 생각과 판단으로 살 수 없사오니 모든 것을 하나님 아버지께 소망을 두고 주의 성령을 받아서 귀한 삶을 살 수 있게 도와 주시옵소서.

하나님 아버지 우리 교회에 빈자리가 너무 많습니다.

빈자리를 채우려는 우리 교회 목사님의 밤낮 드리는 기도가 헛되지 않게 하나님 축복하여 주시옵소서.

이 시간 하나님의 귀한 말씀 전해주실 목사님을 단 위에 세워 주셨사오니, 말씀 전하실 때에 성령님의 강한 역사가 나타나게 하여 주셔서 우리 모두 마음의 눈이 활짝 열리는 시간 되게 하여 주시옵소서.

이 모든 말씀 감사드리며 우리 주 예수 그리스도 이름 받들어 기도드렸습니다.
아멘.

할렐루야 주님의 이름을 찬양합니다!
찬양과 영광을 나의 주님, 우리의 주님께 온전히 바칩니다.

지난 한 주간 하나님 아버지의 섭리 속에서 온전히 살지 못한 저를 용서하여 주시옵소서.

저의 추악하고 더러운 사탄의 생각과 언행들을 하나님 아버지 이 시간을 통해서 모두 회개하오니 용서하여 주시옵소서.

이 기도가 신령과 진정으로 하나님 아버지께 드려지기를 원하며 하나님 아버지께 상달되어서 응답받고 아바 아버지의 사랑과 은혜 받기를 원합니다.

감사하고 고마우신 하나님 아버지!

지난 한 주간 저희 모두를 지켜주시고 보호하여 주셔서 참으로 감사합니다.

세상에 살면서 잠시 아버지의 자녀 됨을 망각하여 알게 모르게 지은 죄가 있다면 하나님 아버지 저희를 불쌍히 여기시고 용서하여 주시옵소서. 저희는 앞으로 일어날 작은 일조차 헤아리지 못하며 살고 있습니다.

저희는 나약하고 부족함을 잘 알고 있습니다.
이제 하나님 아버지께서 함께 해주셔야 하겠습니다.

가정, 사업, 직장, 질병, 염려와 근심 모든 걸 아버지께 맡기오니 하나님 아버지 저희를 긍휼히 여기사 형통함의 역사하심으로 안아 주시옵소서.

성도님들 간에 사랑의 빛이 가시지 않기를 원합니다.
병마들은 예수 그리스도 이름으로 쫓아지길 원합니다.
교만함과 가식을 돼지우리에 던져지기를 원합니다.
믿음이 성장되기를 원합니다.

섬기는 교회 모든 성도님들에게 경제적으로 부해지기를 원합니다. 아버지의 성전에 빈자리가 없기를 원합니다. 섬기는 교회가 크게 부흥되기를 원합니다.

담임목사님께서 영육 간에 강건해지시며 더욱 성령님 충만해지시기를 원합니다. 이 나라와 이 민족이 부강해지길 원합니다.

연약함을 느낄 때

부족함을 느낄 때
초라함을 느낄 때
나의 하나님 우리의 하나님께서 늘 동행하여 주시옵소서.

교회를 위해서 기도합니다.

일찍이 섬기는 교회를 예비하시고 사랑하셔서 세워 주셨사오니 섬기는 교회가 성령 충만, 말씀 충만, 은혜 충만한 재단이 되게 하여 주시옵길 바라고 원합니다.

목사님과 성도님들이 희망과 비전을 가지고 쉬지 않고 기도드리는 기도의 제목과 모든 목적들이 하루속히 이루어지길 원합니다.

죄인 중의 죄인이 진실로 진실로 회개하며 우리 주 예수 그리스도 이름 받들고 감사하며 기도드리옵니다.
아멘.

할렐루야 주님의 이름을 찬양합니다!

항상 살아계셔서 사랑과 은혜로 우리를 보호하여 주시고 지켜주시는 우리의 하나님 아버지 끝없이 감사와 영광을 드려도 부족함을 메꿀 수 없는 나의 하나님 아버지시여.

저희들에게 하나님을 아바 아버지라 부름을 허락하여 주시고 주일을 맞이하여 세상에 있지 아니하고 이 시간 기쁜 마음으로 주님께 찬양과 예배드릴 수 있도록 성전으로 발걸음 인도해주시니 하나님 아버지 감사드립니다.

그러나 한 주간도 저희들 알게 모르게 하나님 아버지의 뜻을 저버린 일이 있다면 이 시간을 통해서 회개하오니 저희를 불쌍히 여기시고 긍휼히 여기사 주님을 더 사랑할 수 있는 뜨거운 믿음의 심령을 주셔서 하나님 아버지께서 잘했다 칭찬받을 수 있는 저희들 될 수 있도록 하나님 아버지 저희 교회 식구들 축복하여 주시옵소서.

이 시간 우리 교회 식구들을 대표해서 기도드리고 있는 이 죄인은 하나님을 아버지라 부르는 형제들 곁에 있기조차 부끄러운 죄인 중에 죄인입니다. 그러나 제 영혼이 하나님 아버지를 사랑합니다.

날마다 날마다 주님 안에서 새로워지기를 소망합니다.
주님 자녀답지 못한 이 죄인을 용서하여 주셔서 지금 드리는 이 기도가 하나님 아버지께 충분히 상달되기를 불쌍한 제 영혼이 하나님 아버지 오늘도 간청드립니다.

하나님 아버지 이 시간 성령님이 우리들 마음의 문을 활짝 열어주셔서 신령과 진정으로 예배드리기를 원합니다.

감사하고 고마우신 하나님 아버지!
우리 교회 모든 성도님들, 그리고 자녀들 모두가 뜻하고 소망하는 일들이 주님의 사랑과 목사님께서 밤낮 드리는 기도의 은혜로 말미암아서 형통함으로 주님 뜻 안에서 모든 일이 기적처럼 순조롭게 이루어지기를 간청드립니다.

몸이 아픈 형제들에게 하나님 아버지 치료의 은혜를 주시옵소서. 걱정과 근심이 있는 형제들에게 감사함과 기쁜 마음을 주시옵소서.

경제적으로 어려운 형제들이 있다면 하나님 아버지께서는 부자시오니 경제적으로 부할 수 있게 하나님 아버지 은혜를 베풀어 주시옵소서.

혼기를 앞두고 있는 자녀들에게는 주님을 섬기는 훌륭한 반려자를 하나님 아버지 예비하여 주시옵소서.

농사일, 가축일, 사업일을 하는 형제들에게는 주님 축복 안에서 번창이 거듭될 수 있도록 하나님 아버지 특별히 우리 남양교회 믿음의 식구들 축복하여 주시옵소서.

세상에 살면서 계획하고 소망하는 일들이 있습니까? 소망하는 일들이 경제적인 어려움과 여러 조건들에 의해서 막혀 있습니까?

그러나 우리가 계획하고 소망하는 일들이 진정으로 내 자신을 위하고 가족을 위하고 소수단체와 섬기는 교회를 위하고 이 나라와 이 민족을 위하고 하나님을 기쁘시게 해드리는 일이라면 계획된 일이 힘이 들고, 능력에 미치지 못하고, 전혀 이루어지지 않을 것 같지만 우리 주님께서 조금 더디더라도 틀림없이 이루어지게 만들어주신다는 하나님의 섭리를 깨닫는 시간 되기를 원합니다.

그러나 하고자 하는 일들이 빈틈없는 계획과 충분한 조건과 경제적인 어려움이 전혀 없다 하더라도 저 자신만 위하고 소수단체와 섬기는 교회를 위하지 아니하고 이 나라와 이 민족을 위하지 아니하고 하나님의 은혜를 저버리고 하나님을 노하시게 만드는 일이라면 계획된 일이 처음에는 잘 되는 것 같지만 결코 이루어지지 않고 망하여 결국에는 어려움에 처하게 된다는 진리도 하나님 아버지 이 시간을 통해서 공감하게 하여 주시옵소서.

말씀을 전하시는 목사님께 영육 간에 강건함을 주셔서 주님의 몸 된 우리 남양교회와 성도님들을 위하여 헌신하시는 데 부족함이 없으시도록 축복하여 주시고 피곤치 않게 붙들어 주시옵소서.

전하시는 말씀 한마디 한마디마다 성령님 충만케 하시고 모세의 기적처럼 성령님의 두루마기를 입혀주셔서 선포되는 말씀이 현실로 이루어질 수 있도록 우리 주님의 크신 능력을 우리 남양감리교회 목사님께 쏟아부어 주시옵소서.

사모님께도 목사님을 내조하시는 데 부족함이 없으시도록 아버지 큰 능력을 함께 하여 주시옵소서.

교회 여러 곳에서 봉사하는 손길마다 우리 주님 축복하여 주시고 운행을 감당하시는 권사님과 피아노 반주자에게도 하나님 아버지의 은혜와 축복 함께 하여 주시옵소서.

죄인 중에 죄인 이 시간 회개하며 사랑하는 하나님 아버지께서 드리는 기도에 응답해주실 것을 믿고 감사드리며 우리의 죄를 대속하신 예수 그리스도 이름 받들어 기도드렸습니다.
아멘.

할렐루야 주님의 이름을 찬양합니다!

우리 남양교회 믿음의 성도님들 거룩한 주일날 세상에 있지 않고 주님의 성전으로 인도하여 주셔서 하나님 아버지 감사합니다.

영광 받으시옵소서.
우리의 예배를 받아 주시옵소서.

지금까지 지내온 모든 것들이 하나님 아버지의 크신 은혜임을 고백합니다. 하나님 나라의 가치관을 몸에 익히며 천국에 소망을 두고 세상의 소풍 길을 여행하는 행복한 주님의 자녀 되게 하여 주셔서 하나님 아버지 감사합니다.

지난 한 주간도 우리를 지켜주시고 선한 길로 인도하여 주셔서 하나님 아버지 감사합니다. 허물과 흠결은 모두 회개하오니 십자가의 보혈로 깨끗이 씻겨주셔서 이 시간 예배드리기에 합당한 심령들이 되게 하여 주시옵소서.

하나님 아버지 우리 성도님들 모든 문제점들 십자가 앞에 내려놓습니다. 모두 해결하여 주시옵소서.

우리를 지켜 주시옵소서.

우리 성도님들의 가정과 사업장, 직장, 농토를 축복하여 주셔서 세상에 머무는 동안도 천국 같은 삶을 살 수 있도록 하나님 아버지 우리를 축복하여 주시옵소서.

이 나라와 이 민족을 지켜주시고 우리가 섬기는 교회에 빈자리가 없도록 하나님 아버지께서 예비하신 선한 일꾼들을 보내 주시옵소서.

단 위에 세우신 목사님 영육 간에 강건함을 지켜주시고 준비하신 말씀을 선포하실 때 우리 모두 하나님 아버지의 섭리를 깨닫고 은혜받는 시간이 되게 하여 주시옵소서. 목사님을 보필하시는 사모님께도 주님의 사랑과 지혜를 주시고 강건하게 지켜 주시옵소서. 주님을 섬기며 봉사하는 손길도 축복하여 주시옵소서.

예배 첫 시간이오니 마치는 시간까지 예배의 시종을 주님께서 주관하여 주시옵소서.

숨을 들여 마시고 내 쉴 때마다 회개해도 부족한 죄인 이 시간 회개하며 범사에 감사드리며 우리를 죄에서 구원하신 예수 그리스도 이름으로 기도드렸습니다.
아멘.

제2부
아내의 대표기도

남양 감리교회 **엄경자** 집사

———

"모든 기도와 간구를 하되 항상 성령 안에서 기도하고
이를 위하여 깨어 구하기를 항상 힘쓰며
여러 성도를 위하여 구하라."(에베소서 6:18)

자비로우시고 은혜가 풍성하신 하나님 아버지!
지난 한 주간도 주님 사랑 안에 품어주셨다가 복된 주일 주님 앞으로 인도해주심을 감사드립니다.

세상 속에서 온갖 죄를 짓다가 더럽고 추한 모습 이대로 주님 앞에 나아와 찬송과 예배를 드리고 모든 영광 주님께 돌리게 하시니 감사합니다.

주님을 믿노라 하면서도 주님 말씀대로 살지 못하고 내가 복음을 만들어 내 마음대로 살아왔던 것, 알고도 짓고 모르고도 지었던 모든 죄들 회개하오니 용서하여 주옵소서.

저희들 너무나 연약하여 날마다 넘어지고 깨어져 주님의 도움 없이는 한시도 살아갈 수가 없습니다.

믿음이 부족한 성도들에겐 담대한 믿음을, 육신의 병으로 고통받는 성도에겐 건강을 허락하시고 물질의 어려움을 겪는 성도들에겐 물질의 풍요로움을 허락하여 주옵소서.

2022년도 엊그제 시작한 것 같은데 벌써 12월입니다.
시간은 왜 이리 빨리도 흐르는지요.

지나간 시간들을 돌아보며 반성하고 회개할 수 있게 하시고, 남은 시간도 마무리 잘할 수 있게 도와주시옵소서.

주님! 만일 오늘이 마지막 날이라면 저희들의 죄를 찾아내시어 낱낱이 기억나게 하시고 낱낱이 회개할 수 있도록 회개의 영을 내려 주옵소서.

비록 행동과 몸이 따르지 않을지라도 뼛속 깊숙이 주님이 자리 잡고 있음을 고백합니다.

목사님 전하시는 그 말씀이 사람의 말로 듣지 않게 하시고, 하나님 말씀으로 가슴으로 들을 수 있도록 하여 주옵소서.

이 자리에 모인 우리에게 신령한 복을 넘치도록 채워주시고 예배를 방해하는 악한 영들의 역사를 막아 주옵소서.

먼저 주님의 나라와 의를 구하게 하옵시고 썩어져 없어져 버릴 헛된 것들을 위하여 살지 않게 하옵소서.

이 자리에 임재하시어 오직 크신 영광만을 받아주시길 바라옵고 원하오며 모든 영광 홀로 받으시기에 마땅하신 예수 그리스도 이름으로 기도드렸습니다.

아멘.

자비로우신 하나님 아버지!

지난 한 주간도 지켜주시고 이렇게 따뜻한 마음으로 주일예배를 맞이할 수 있도록 이끌어주신 주님께 먹을 수 있으매, 볼 수 있으매, 건강하게 지켜주심에 감사드립니다.

저희들은 부족하여 죄악 속에 살 때가 많이 있습니다.
지난 한 해를 돌아보면 모두가 죄뿐이었음을 고백합니다.

알고도 짓고 모르고도 지은 죄를 이 시간 예배를 통하여 회개하오니 깨끗이 용서하여 주시고 저희들을 불쌍히 여겨 주시옵고 주님 은혜 속에 언제나 승리하는 삶을 살게 하여 주시옵소서.

주님!
만일 오늘이 마지막 날이거든 주님께 지은 죄가 낱낱이 기억나서 낱낱이 고백하고 회개하여 천국으로 향할 수 있도록 허락하여 주시옵소서.

이 예배를 주관하시는 목사님께 영육 간에 강건함을 채워주시고 보필하시는 사모님께도 축복하여 주시옵소서.

또한 목사님이 전하시는 그 말씀이 사람의 말로 듣지 않게 하시고 주님께서 주시는 말씀으로 가슴 깊이 새기게 하옵소서.

주님!
저희 교회 빈자리가 너무 많습니다.

참석하지 못한 성도님들이 어디서 무엇을 하든 저희와 똑같은 은혜 내려주시고 이 자리를 떠나서는 견딜 수 없는 믿음을 허락하여 주시옵소서.

이제 시작되는 2023년에는 코로나 감염 상황 속에서도 함께 하여 주시고 질병으로 고생하시는 형제 자매님들이 없게 하여 주옵시며 오직 주님만이 능력자이시고 해결자이시오니 전 세계에 퍼져있는 코로나를 종식시켜 주시옵소서.

먼저 그의 나라와 그의 의를 구하게 하옵시고 썩어져 없어져 버릴 헛된 것들을 위해 살지 않게 하옵소서.

이 자리에 임재하시어 오직 크신 영광만을 받아주시길 바라옵고 원하오며 모든 영광 홀로 받으시기에 합당하신 예수 그리스도 이름으로 기도드렸습니다.
아멘.

    자비로우신 아바 아버지 지난 한 주간도 저희를 지켜 보호하여 주시고 거룩하고 복된 날 주님 전에 인도해주셔서 감사드립니다.

    귀한 시간 말씀을 통해서 은혜 충만하게 하시고 체험하는 일이 일어날 수 있기를 원합니다. 주님의 은혜를 사모하는 심령마다 성령 충만하게 하옵소서.

    영광 받으시옵소서.
    주님 말씀대로 살지 못하고 내 마음대로 살아왔던 것 알고도 짓고, 모르고도 지은 죄들 회개하오니 용서하시고 말끔히 씻어 주시옵소서.

    하나님 아버지, 저희들 너무 연약하여 날마다 깨어지고 넘어져서 주님의 도움 없이는 한시도 살아갈 수 없음을 고백합니다.

    세상에서 썩어져 없어질 것들을 위하여 살지 말게 하시고 오직 주님의 나라와 의를 구하며 살아가게 하옵소서.

    전능하신 하나님 아버지, 어려운 때일수록 주님을 의지하며 주님께 영광 돌리는 저희들이 되게 하시고 미처 구하지 못한 것들도 주님께서 아시오니 채워 주시옵소서.

2021년도 훌쩍 지나서 어느덧 12월을 맞게 되었습니다.

지나가는 한해를 돌아보게 하시고 앞으로 전진할 수 있는 단단한 믿음을 허락하여 주시옵소서.

목사님과 사모님께 영육 간에 강건함을 허락하여 주시옵고, 전하시는 말씀을 사람의 말로 듣지 않게 하시고 주님께서 주시는 말씀으로 가슴 깊이 새기게 하옵소서.

두서없이 드리는 기도지만 저희 뜻대로 마옵시고 오직 주님의 뜻대로 이루어주실 것을 믿사오며 죽기까지 저희를 사랑하신 예수 그리스도 이름으로 기도드렸습니다.
아멘

자비로우신 하나님 아버지!

예수 그리스도 이름으로 주님 성전에 모여서 기도드리고 예배드리게 하여 주심을 감사드립니다.

주님을 믿노라 하면서도 주님 말씀대로 살지 못하고 내가 복음을 만들어서 내 마음대로 살아왔던 것 알게 모르게 지은 모든 죄, 이 시간을 통해서 회개합니다. 용서하여 주시옵소서.

하나님 아버지, 저희들 주님의 도움 없이는 한시도 살아갈 수 없음을 고백합니다. 믿음이 부족한 성도님들에겐 담대한 믿음을 주시고, 육신의 병으로 고통받는 성도님들에겐 건강을 허락하여 주시고, 물질의 어려움을 겪는 성도님들에겐 물질의 풍요로움을 허락하여 주시옵소서.

먼저 주님의 나라와 의를 구하며 살아가게 하옵시고, 썩어져 없어질 헛된 것들을 위하여 살지 않게 하옵소서.

담임목사님과 사모님께서 성지순례를 무사히 잘 마치고 건강하게 돌아오게 하여 주셔서 감사드립니다.

단 위에 세우신 목사님, 늘 영육 간에 강건함을 지켜 주시옵고 성령님의 능력으로 함께하시어서 우리 주님의 거룩하신 뜻을 온전하게 증거하게 하옵소서.

이 자리에 모인 우리 모두에게 신령한 복을 넘치도록 채워주시고 예배를 방해하는 악한 영의 역사를 막아 주시옵소서.

성령님 이 자리에 임재하시어서 오직 크신 영광만을 받아주시길 바라옵고 모든 영광 홀로 받으시기에 합당하신 예수 그리스도 이름으로 기도드렸습니다.
아멘

살아서 역사하시는 하나님 아버지, 죄로 인하여 죽을 수밖에 없는 우리를 구원해주시니 감사합니다.

　지난 한 주간 동안도 저희를 불꽃 같은 눈동자로 지켜주시고 보호하시며 거룩하고 복된 날 복된 자리로 저희들 불러주셔서 감사드립니다.

　지난 한 주간도 주님 말씀에 순종하며 살겠노라 다짐하면서도 돌이켜보면 내 일에만 치중하며 어려운 이웃들에게는 무관심만 보여왔음을 고백합니다. 부족한 저희들을 긍휼히 여겨주시고 용서하여 주시옵소서.

　저희들 흠 많고 부족한 모습 이대로 나왔사오나 이 자리가 은혜의 자리가 되게 하시고 이 자리에 성령님 임재하시어서 항상 주님 말씀에 순종하여 주님의 사랑을 체험하게 하여 주시옵소서.

　주님! 어느새 2020년도 반년이 훌쩍 지났습니다.
　지나온 날들을 돌아보며 각 심령들마다 회개의 은혜를 허락하시고 남은 한해도 더욱 굳센 믿음으로 주님께 영광 돌릴 수 있도록 축복하여 주시옵소서.

병상에 있는 형제 자매님들, 주님의 거룩하신 손으로 어루만지시고 치료의 광선을 허락하시어서 하루속히 회복되게 하옵소서.

여러 가지 사정으로 인하여 예배에 참석하지 못한 성도님도 있습니다. 어디에 있던지 기억하여 주시옵소서.

오늘도 단 위에 세우신 목사님께서 말씀을 전하실 때 성령님께서 함께하여 주시고, 선포되는 말씀을 통하여 감사하는 믿음이 회복되게 하시고, 모든 일에 믿음으로 승리하게 하여 주시옵소서.

범사에 감사드리며 우리 주 예수 그리스도 이름으로 기도드렸습니다.
아멘

제3부
주일 공동기도문

남양 감리교회 **안봉수** 담임목사
(필자가 출석하고 있는 남양 감리교회 주보에 실려있는 주일 공동기도문)

———

"내가 진실로 진실로 너희에게 이르노니 한 알의 밀이 땅에 떨어져 죽지 아니하면 한 알 그대로 있고 죽으면 열매를 맺느니라."(요 12:24)

자비로우신 하나님 아버지 감사와 찬양과 영광을 돌립니다.

변함없이 지켜주시는 은혜를 늘 기억하며 주님의 성전을 찾아 나올 수 있도록 성령님 인도하여 주시니 무한히 감사합니다.

저희들을 인도하시는 성령님 역사하심 속에서도 여전히 이생의 안목과 정욕을 쫓아 살기에 마음을 뺏겼던 모습을 긍휼히 여겨주시고 용서하여 주시기를 원합니다.

연약한 우리를 성령님 잡아 주시옵소서.

기도로 살아 응답받고, 믿음으로 살아 체험하며, 주님의 은혜를 사모하는 심령마다 성령 충만한 사람으로 거듭나게 하여 주시옵소서.

삶에 지친 성도님들은 삶에 희망이 넘치게 하시고, 병든 심령은 치료의 역사가 나타나게 하시며 믿음 없는 성도님들은 믿음 위에 굳게 서고 확신에 찬 생활이 되게 하시며 주님의 몸된 교회를 위하는 일꾼들이 충성할 때 주께서 강건함과 풍요로운 삶이 생활 속에서 체험이 넘쳐나게 축복하옵소서.

이 시간 말씀을 듣는 저희 모두가 쏟아부으시는 은혜를 심령 깊숙이 체험하고 결단하는 시간이 되게 하옵소서.

길과 진리요 생명이신 예수 그리스도 이름으로 기도드립니다. 아멘.

자비로우신 하나님 아버지!
아바 아버지라 부르며 의지할 수 있는 믿음을 저희에게 주셔서 감사합니다.

주님 앞에 설 때마다 저희들이 얼마나 어리석고 무지하고 연약한 존재인지를 절감하지 않을 수 없습니다.

코로나로 인하여 핍박을 이겨야 하는 이 시대에 오늘 예배드림으로 영생의 삶을 깊이 깨닫게 하시고 주님 삶을 본받아 날마다 기도하며 사랑하며 섬김의 삶을 살아서 승리하게 하여 주소서.

주님 말씀에 불순종했던 나약한 저희들입니다.

회개합니다.

주님의 뜻을 위하여 힘쓰기보다는 세상 바람만 불면 흔들리는 저희들 모습이 너무나 부끄럽습니다.

주님께 구합니다.

이제는 저희의 인생을 복되게 하셔서 천사도 흠모하는 주의 복음 사역을 위해 일하는 인생이 되게 하옵소서.

참된 일꾼을 찾으시는 주님의 음성을 들을 수 있는 영적인 귀를 열어 주옵소서.

충성스러운 일꾼으로 살기에 부족함이 없는 인생이 되게 하여 주옵소서.

오늘 말씀을 듣는 가운데 영적 귀가 열리기를 원합니다.
아픈 자, 상한 자 치유하여 주옵소서.

길과 진리요 생명이신 예수 그리스도 이름으로 기도드립니다.
아멘.

하나님 아버지!
진정 감사하며 주님의 몸 되신 성전에 모여 예배드립니다.

길 잃은 양을 찾듯이 우리를 품에 안아주시는 그 크신 사랑과 은혜 어찌 다 헤아릴 수 있겠습니까. 주님만 찬송하며 영광드려야 할 우리가 주님의 소망이며 기쁨이며 면류관이 되어야만 하는데 알게 모르게 세상을 더 향해 갔습니다.

좀 더 주님의 말씀을 듣고 행하며 주님 안에 살지 못했음을 회개합니다. 성령께서 여기 우리와 함께 하사 교회가 부흥되는 꿈을 갖게 하시며 항상 예배를 사모하는 열정을 주시고 주님 말씀에 집중하고 기도하며 큰 은혜 받게 하여 주옵소서. 악하고 위험한 이 세상에서 주님 안에 안전과 평안이 있음을 체험하게 하여 주옵소서.

날마다 이기게 하시는 주님 시험 닥칠 때 사탄의 역사 물리쳐 원수 마귀 찢어주시며 오직 예수 안에서 믿음과 기도로 우리 교회와 성도들이 날마다 승리하게 하여 주시옵소서.

길과 진리요 생명이신 예수 그리스도 이름으로 기도드립니다.
아멘.

생명의 주인 되신 하나님 아버지! 성령께서 인도하여 주서서 예배드리게 하시니 무한 감사하며 찬송으로 영광드립니다.

세워주신 우리 교회가 구원의 방주로 빛과 소금의 역할을 다하는 교회가 되게 부흥시켜 주옵소서. 빈자리를 채워 주시옵소서. 성령의 역사하심으로 기도의 열정과 응답으로 체험되며 섬김과 봉사와 헌신으로서 부흥의 역사가 일어나게 하여 주시옵소서. 전도의 사명과 능력을 주옵소서.

복음의 빚진 자로 받은 은혜를 갚을 수 있도록 증거하여 주님의 복된 일꾼들로 이 제단이 차고 넘치며 주님께서 기뻐하시는 일들 모두 이루어 나가도록 사용해 주옵소서.

오늘의 말씀을 통하여 성령님 역사하심으로 은혜를 더하여 주사 악한 사탄 마귀 역사를 찢어주시고 말씀을 듣고 붙잡아 순종하는 은혜를 더하여 주옵소서.

주님의 자랑이요 면류관이 되는 성도들 한없이 축복하여 주시기를 간절히 원하며 예수 그리스도 이름으로 기도드립니다.
아멘.

사랑의 하나님 아버지, 진정으로 찬양과 경배를 드립니다.
저희들을 지켜주시는 사랑을 진심으로 감사드립니다.

돌아봅니다. 세상 풍요로움만 바라보지는 안 했는지 눈을 들어 주님을 보게 하시고, 이젠 심령의 평안과 가난함으로 감사하는 신앙이 되기를 원합니다.

또한 서로 사랑하기를 원합니다. 우리에게 주신 은혜를 나누고 베풀며 살기 원합니다. 우리에게 긍휼의 마음을 주시옵소서. 선한 사마리아인같이 죽어가는 사람을 살리는 마음으로 이웃을 환대하며 섬기게 하여 주옵소서. 약한 믿음을 돌아보시고 말씀대로 살아가도록 성령님 붙들어 주옵소서.

살아 계셔서 함께 하시는 하나님 아버지! 우리의 기도가 하늘 보좌에 상달되어 이 교회와 성도 위에 복을 쏟아부어 주옵소서. 믿습니다. 이제 우리의 마음과 뜻과 정성을 다하여 은혜 충만하며 성령 충만한 예배가 되길 원합니다.

길이요 진리요 생명이신 예수 그리스도 이름으로 기도드립니다. 아멘.

긴 장마 속에서도 지켜주시고 사랑으로 보호하여 주신 하나님 아버지 은혜와 감사와 찬양과 영광을 돌립니다. 돌아보면 무한하신 은혜뿐임을 깨닫습니다. "너희들은 세상에 빛이다, 소금이다"라고 말씀하셨는데 돌아보면 믿음 없이 살았습니다, 부끄럽습니다, 참회합니다.

염려하지 말라고 하셨는데 우리는 또 세상 염려로 살았습니다.
예배드리며 믿음으로 살기를 원합니다.
말씀 들으며 하나님의 은혜 속에 살기를 원합니다.

빛으로 소금으로 하나님 사랑하고 이웃을 섬기는 삶을 살기 원합니다. 다른 이들의 눈에 티를 보는 삶에서 자신의 들보를 보기 원합니다. 자기를 부인하고 자기 십자가를 지라고 하셨으니 다른 이를 판단하기보다 자신의 부족함을 먼저 깨닫게 되길 원합니다.

열정을 다하고도 무익한 종이라 고백하는 믿음을 주시옵소서.
나의 갈 길 다 가도록 평안으로 인도하여 주옵소서.

길과 진리요 생명이신 예수 그리스도 이름으로 기도합니다.
아멘.

영원하신 하나님 아버지!

광야 같은 세상에서 푸른 초장 쉴 만한 물가로 인도하시니 감사 찬양 영광드립니다.

갈급하여 모인 저희들에게 은혜 내려주셔서 생명이 넘치는 복된 예배가 되게 하여 주옵소서.

오늘의 말씀이 생명의 양식이 되게 하시고 의지와 노력으로 실패했던 생활이 주님 없인 아무것도 할 수 없음을 깨닫는 시간이 되게 하옵소서.

언제나 영적 싸움에서 성령 충만하여 사탄 마귀를 물리쳐 이기게 하여 주시고 우리가 눈에 보이는 것 때문에 감추어져 있는 보이지 않는 영원한 보화들을 잃지 않도록 믿음의 믿음을 더하여 주옵소서.

먼저 기도하기보다는 우리 생각이 앞서지 않게 하시고 판단하기보다는 이해와 사랑이 앞서게 하시며 무관심보다 구원하려는 눈을 뜨게 하여 주셔서 세상을 변화시키는 주님의 참 제자가 되게 하옵

소서.

오늘도 말씀 중에 성령님 임재하셔서 사탄 마귀 찢어지도록 역사하여 주옵소서.

예수 그리스도 이름으로 기도합니다.
아멘.

하나님 아버지! 감사와 찬양과 영광을 돌립니다.
항상 지켜주시는 은혜로 주님의 전을 찾도록 인도하여 주시니 무한 감사합니다.

연약하고 부족한 저희들을 성령님께서 사로잡아 주시옵소서.
믿음으로 살아 응답받고 기도로 살아 체험하게 하옵소서.
말씀으로 충만케 하사 체험하는 일이 일어날 수 있기를 원합니다.

성령 충만하여 사탄의 역사 물리치는 담대하고 용맹한 믿음의 사람이 되게 하옵소서. 말씀을 들음으로 은혜의 역사가 충만하게 하옵소서. 또한 오늘 여기 삶에 지친 성도님들에게 평안과 위로와 희망이 넘치게 하시고 병든 이들은 치유받게 하시며 믿음 없는 성도님들은 확신에 찬 믿음을 주시고 기도하는 성도님마다 응답받게 하옵소서.

주님의 몸된 교회를 위하여 충성하는 이들에게 큰 복을 내려주사 풍요와 건강한 삶이 넘쳐나게 하옵소서.

영원히 찬송 받으실 예수 그리스도 이름으로 기도드립니다.
아멘.

하나님 아버지! 안전한 주님 품 같은 교회로 품어주시니 감사합니다. 드리는 예배로 영광 받아 주옵소서.

돌아보면 저희들이 얼마나 연약한 존재인지를 실감하지 않을 수 없습니다. 믿음에 서지 못하고 흔들리고 염려와 걱정을 앞세우는 나약한 저희들입니다. 세속적 가치를 귀하게 여기고 우선하며 힘쓰던 저희의 모습이 부끄럽습니다.

회개합니다. 주님! 도와 주옵소서.
저희의 인생을 천사도 흠모하는 복음을 위해 일하는 참된 일꾼을 애타게 찾으시는 주님의 음성을 들을 수 있게 귀를 열어 주옵소서. 충성하는 일꾼으로 살기에 부족함이 없는 인생이 되도록 채워 주시고 축복하여 주시옵소서.

오늘도 말씀 듣는 가운데 주님의 십자가 사랑 보혈의 은혜를 경험하는 시간이 되기를 원합니다. 아픈 자, 마음 상한 자 치유하여 주옵소서.

지금부터 영원히 살아 계셔서 사랑으로 치유하시는 예수 그리스도 이름으로 기도하옵나이다.
아멘.

은혜와 사랑이 충만하신 하나님 아버지 감사와 찬송을 드립니다. 오늘 성전으로 부르셔서 예배드리게 하시니 무한 감사드립니다.

한 주간 살아오면서 믿음의 삶을 살지 못한 것이 있다면 이 시간 회개합니다. 용서하여 주시고 믿음의 자녀답게 살도록 성령님께서 인도하여 주시옵소서.

간절히 바라기는 세워주신 교회가 구원의 방주로 지역사회에 빛과 소금의 역할을 다하는 교회가 되게 하여 주옵소서. 성령의 역사하심으로 열정을 회복하고 기도가 응답으로 체험되며 섬김과 헌신으로 사랑하는 교회가 부흥의 역사가 일어나게 하여 주옵소서.

주님의 복된 일꾼들로 이 제단이 차고 넘치며 주님께서 기뻐하시는 일을 모두 이루어 나갈 수 있게 하여 주옵소서. 오늘 말씀으로 악한 사탄의 역사를 물리치게 하시고 영육 간에 강건함을 주시며 말씀을 듣고 깨닫고 순종하는 은혜를 더하여 주옵소서.

예수 그리스도 이름으로 기도합니다.
아멘.

은혜와 진리의 하나님 아버지!

거룩하고 복된 날 예배하게 하시고 영혼의 만나를 내려주시니 감사합니다.

길이 참아주시며 추하고 더러운 무거운 죄의 짐을 내려놓도록 오늘 여기 예배의 자리로 불러주시니 무한히 감사합니다.

주의 십자가 보혈의 은혜 가득 부어 주옵소서.
믿음을 주옵소서.

겨자씨같이 작을지라도 믿음이 있었다면 놀라운 체험을 주셨을 것입니다.

믿음이 없어 매일매일 영적인 싸움에 최선을 다하지 못하였습니다.

예수님의 보혈로 눈과 같이 희게 씻어주시고 또다시 한 주간 세상에서 살아갈 때 영적 싸움에서 날마다 승리하는 삶이 되도록 굳센 믿음 주옵소서.

이제 죽어가는 불쌍한 영혼들을 구원하는 데 쓰임 받는 하나님 일꾼이 되게 하옵소서.

예배시간은 저희들의 삶에서 가장 존귀한 때입니다.
마음을 열고 말씀을 듣게 하옵소서.

예수그리스도 이름으로 기도하옵나이다.
아멘.

세상을 창조하시고 섭리하시는 하나님 아버지 감사와 찬송을 드립니다. 죄의 삯으로 영원히 죽을 수밖에 없었던 저희들을 주님의 십자가 구속의 은혜로 영생을 선물로 주신 사랑의 하나님께 영원히 영광을 돌립니다.

복된 삶을 누리게 하시고 이곳 주님의 품 같은 교회로 나와 찬양하며 예배로 영광 돌리게 하시니 무한 감사합니다. 이 시간 주님 앞에 나올 때 욕심과 거짓된 마음과 교만한 생각을 벗어버리고 온전히 주님만 바라보고 생각하며 십자가의 사랑과 은혜와 진리가 충만한 시간이 되게 하여 주옵소서.

오늘도 말씀에 은혜받고 하나님의 위로를 넘치도록 부어주셔서 평안과 건강한 삶으로 살아계신 하나님을 체험하게 하여 주셔서 이제는 세상을 향하여 복음 전하는 믿음의 사람으로 쓰임 받게 하여 주옵소서.

오늘도 예수 이름으로 사탄이 찢어지며 주님을 향한 열정이 회복되는 시간 되게 하여 주옵소서.

예수 그리스도 이름으로 기도드립니다.
아멘.

사랑의 하나님 아버지! 지난 한 주간도 저희들을 은혜 가운데 돌보시사 성전으로 인도하여 주신 사랑을 진심으로 감사드립니다.

모든 것이 주님의 은혜임을 고백합니다.
기뻐 받으시는 예배, 심령과 진정한 예배가 될 줄로 믿습니다.

저희들에게 천국을 볼 수 있는 눈과 주님의 말씀을 들을 수 있는 귀를 열어 주옵소서.

지금까지 인도해주신 에벤에셀의 하나님!
악한 원수 마귀 일체 틈 못 타게 하시고 은혜받고자 하는 갈급한 마음에 은혜를 쏟아부어 주옵소서.

우리 남양교회를 통하여 주님의 뜻이 이루어지기를 원합니다.
하나님의 뜻을 이루어가는 데 쓰임 받는 귀한 교회로 부흥되게 하여 주시옵소서. 오늘 주시는 말씀에 은혜받아서 즐거운 마음으로 순종하고 섬기며 복음 선교의 사명을 충분히 감당하는 교회가 될 수 있도록 하나님 아버지 축복하여 주옵소서.

길이요 진리요 생명이신 예수 그리스도 이름으로 기도하옵나이다.
아멘.

사랑으로 돌보시는 하나님 아버지!

거룩한 주일 주님께 경배와 찬양으로 예배드리게 하심을 감사드립니다.

오늘의 예배가 주님을 영화롭게 하는 예배가 되기를 원합니다.

세상에서 교만하지는 않았는지 나 자신만 알고 주님을 향한 순종을 기피하며 불순종하지 않았는지 자신을 돌아봅니다.

이 시간 주님의 말씀 앞에 나 자신을 조명하며 부족한 모습을 철저하게 깨닫는 시간이 되게 하여 주옵소서.

뒤돌아보면 모두가 하나님의 은혜였습니다.

하나님의 선하시고 인자하시고 온전하신 뜻이 무엇인지 분별하여 모든 성도들이 영혼이 잘 되고 범사가 잘 될 수 있도록 믿음의 복을 내려 주옵소서.

주님의 도구로 사용되기를 원합니다.

간절하게 소원하는 것은 우리 교회 예배의 자리가 채워지며 날로 부흥되게 하여 주옵소서.

어둠을 밝히는 빛나는 남양교회로 주님께서 지키시고 세워 주옵소서.

우리를 구원하시려고 십자가에서 돌아가신 예수 그리스도 이름으로 기도드립니다.
아멘.

만복의 근원 되시는 하나님 아버지!
항상 보호해주시고 변함없이 저희들을 주님 전으로 불러주시니 감사합니다.

살아온 날들을 돌아보면 믿음 없이 살아왔습니다.
이 시간 저희들 간절히 기도합니다.

연약한 믿음이 뿌리 깊은 믿음으로 축복하여 주옵소서.

주님께서 믿음 없음을 책망하셨고 믿음이 큰 자에게 축복을 하셨으니 우리에게 큰 믿음을 주시옵소서.

노아는 믿음으로 방주를 예비하여 그 가족을 구원하였고 아브라함도 오직 믿음으로 의롭다 함을 얻었으므로 우리도 믿음의 사람이 되게 하여 주시옵소서.

날마다 우리 모두에게 매일의 생활 속에 하나님 역사하심을 체험하게 하여 주옵소서.

병든 자 치료하여 주시고, 두려운 자 강하게, 약한 자 담대하게 믿음의 체험이 나타나도록 성령님 역사하여 주시옵소서.

　오늘도 변함없이 말씀의 은혜를 내려주셔서 믿음 더욱 깊어지게 하여 주옵소서.

　예수 그리스도 이름으로 기도드립니다.
　아멘.

영원한 사랑의 하나님 아버지!
끝없는 사랑과 은총에 감사와 찬송을 드립니다.

이 시간 심령과 진정을 다한 예배가 되기를 원합니다.

오늘도 돌아봅니다.

주님의 마음을 닮지 못하고 사랑하라 하신 말씀을 제대로 지키지 못했습니다.

저희들 허물을 용서해주시고 보혈의 은혜로 씻어 주옵소서.
믿음의 본분을 다할 수 있도록 믿음을 주옵소서.

저희들의 마음의 눈을 뜨게 하시어서 이웃과 형제자매님들을 진심으로 사랑하게 하옵소서.

이 시간도 주님께서 우리와 함께 계심을 알게 하셔서 강하고 담대한 믿음과 말씀에 은혜 충만함이 가득하게 하여 주옵소서.

무거운 짐 진 자들아 다 내게로 오라 하셨으니 몸과 마음에 병들고 지친 자 치료하여 주옵소서.

오늘 우리의 교회가 한 영혼을 구원하는 방주가 되게 하시고 그 수가 날마다 더하여지므로 주님만 찬란히 빛나게 하여 주옵소서.

주 예수 그리스도 이름으로 기도드립니다.
아멘.

사랑의 하나님 아버지!
오늘 은혜에 감사하며 예배로 영광드립니다.

홀로 영광 받으시고 저희들에게는 큰 은혜 충만한 시간이 되게 하여 주옵소서. 돌아보면 모든 것이 하나님의 은혜이면서도 그 은혜를 쉽게 잊고 삽니다. 다시 은혜를 깨닫고 회복하게 하셔서 마음이 열리고 미래가 열리는 시간이 되게 하옵소서.

사랑하는 우리 교회를 튼튼하게 부흥케 하시는 하나님 아버지!
모든 성도와 자녀들이 믿음이 더욱 깊어지게 하시고 언제나 이곳은 주님의 은혜의 역사가 가득 찬 천국 잔치가 되게 하옵소서.

약함으로 이 자리에 참석하지 못한 영적, 육적 병상의 성도들, 주의 보혈로 치유하여 주셔서 입으로 주님의 기적을 간증하는 삶을 살아가도록 축복하여 주옵소서.

오늘 말씀의 은혜로 닫혀있는 마음의 문을 열어 은혜 부어주시는 시간 되게 하여 주시옵소서.

길이요 진리요 생명이신 예수 그리스도 이름으로 기도드립니다.
아멘.

사랑의 하나님 아버지! 길 잃은 양들을 불러 모으시듯 우리를 불러 품에 안아주시는 사랑의 은혜에 감사드립니다.

이곳에 모인 우리들이 주님의 면류관이어야 할 터인데 주님을 기쁘시게 못하였습니다. 돌아보며 회개합니다. 믿음의 형제들과 이웃을 좀 더 사랑하지 못했고, 좀 더 섬기며 인내하며 복음을 전하지 못했습니다. 용서하여 주옵소서.

이제 새로운 꿈을 꾸게 하시며 항상 교회의 부흥을 생각하는 간절한 마음을 품게 하여 주옵소서. 더욱 주님께 가까이 다가서는 시간 되게 하여 주옵소서.

힘들고 어려운 순간마다 피할 길을 허락하신 주님, 사탄의 시험을 물리치신 능력의 주님을 의지하오니 사악한 원수 마귀 찢어주시고 승리하는 교회와 성도님들이 되게 하여 주옵소서.

이 시간 우리의 심령이 깨어나고 상처가 치유되는 축복받는 은혜의 말씀을 쏟아부어 주옵소서.

예수 그리스도 이름으로 기도하옵나이다.
아멘.

잔잔히 바라보시며 우리를 부르시는 사랑의 하나님 아버지 은혜에 감사드립니다.

하지만 정작 저희들은 세상에 취하여 살았습니다.
복된 날을 기다리며 사모하지 못했습니다.

내 생각대로 살았고 주님의 말씀대로 살지 못했습니다.

깨닫게 하여 주옵소서.
주님 바라볼 수 있도록 은혜 더하여 주옵소서.

믿음의 삶이 참되고 진실하며 열정을 회복하는 역사가 일어나게 하여 주옵소서.

이 교회 부흥을 위하여 믿음의 선배들의 기도와 눈물의 헌신과 봉사로 이루었습니다.

우리도 우리의 미래가 예수 안에 소망이 있음을 믿음의 눈을 떠서 바라보게 하시고 교회와 성도들이 깨어 일어나 다시 한 번 빛을 발하도록 주님 도와 주옵소서.

이 시간 말씀 은혜를 부으시어 진리를 알고 믿게 하시어 평안과 감사와 행복이 넘쳐 계속되도록 축복하여 주옵소서.

길이요 진리요 생명이며 측량할 수 없는 영원하신 예수 그리스도 이름으로 기도드립니다.
아멘.

사랑의 하나님 아버지!
돌아보니 모든 것이 하나님의 은혜입니다.
감사와 찬송으로 영광의 예배를 드립니다.

심령과 진정으로 다한 예배를 드림으로 우리 모두에게 크신 은혜를 내려주옵소서.

이 시간 저희들의 허물과 죄를 주님 앞에 고백하오니 여기 모인 우리에게 심령의 감화, 감동 있게 하사 들을 귀를 열어주셔서 깨닫고 변화되어 기쁨이 충만하게 하여 주옵소서.

그리하여 우리 교회 섬기며 헌신하게 하시고 영혼을 구원하는 데 미력한 저희들이 쓰임 받아 우리 교회가 크게 부흥되어 빛과 소금의 교회가 되게 하옵소서. 강단에서 말씀을 주실 때 은혜 충만하게 하시고 몸과 마음이 건강치 못한 성도들에게 믿음을 주셔서 치유 회복의 역사가 일어나게 하옵소서.

예수 그리스도 이름으로 기도드립니다.
아멘.

사랑의 하나님 아버지! 감사와 찬양과 영광을 돌립니다.
부족한 저희들을 성령님께서 붙들어 주옵소서.
믿음으로 살아 응답받고 기도로 살아 체험하게 하옵소서.

이 시간 말씀으로 충만하게 하사 확신과 체험하는 일이 일어날 수 있기를 원합니다. 주님의 은혜를 사모하는 심령마다 성령 충만하여 주님을 담대히 증거하고 사탄의 역사 앞에서도 승리하는 용맹한 믿음의 사람이 되게 하옵소서.

말씀을 들음으로 믿음의 역사가 충만하게 하옵소서.
오늘 여기 삶에 지친 성도님들에게 평안의 쉼과 위로와 소망이 넘치게 하시고 병든 이들은 치유의 역사가 일어나게 하시며 믿음 없는 자들은 확신에 찬 생활이 되게 하시며 기도하는 자마다 응답 받는 성도가 되게 하옵소서.

주님의 몸된 교회를 위하여 충성하는 일꾼들에게 큰 복을 내려 주셔서 풍요와 강건한 삶이 넘쳐나게 하옵소서.

영원히 찬송 받으실 예수 그리스도 이름으로 기도드립니다.
아멘.

전능하신 하나님 아버지 찬양합니다.

예수 그리스도 십자가 보혈의 은혜로 부름을 받아 주님 전에 나왔습니다.

참으로 감사드립니다.

은혜를 사모하는 우리 모두에게 은혜 쏟아부어 주옵소서.

주신 사명의 자리에서 진심으로 마음과 뜻과 힘과 생명을 다하는 선한 일꾼으로 충성하길 원합니다.

덧없이 흐르는 세월을 깨닫게 하옵소서.

영적으로 무감각하게 살지 않도록 말씀과 기도로 무장하며 믿음의 승리자가 되게 하옵소서.

혼탁한 세상 속에서도 분별의 지혜를 주셔서 끝까지 바르게 쓰임 받게 하옵소서.

우리 교회를 세우신 사랑하는 주님!

복음 선교를 위해 우리 교회를 부흥되도록 튼튼히 세워 주시옵

소서.

우리 모두가 섬김으로 이웃을 사랑하되 먼저 우리 교회 믿음의 형제들을 사랑하며 칭찬하며 격려하며 축복의 통로가 되는 선한 사마리아인 같은 일꾼 되게 하여 주옵소서.

길이요 진리요 생명이신 예수 그리스도 이름으로 기도드리옵나이다.

아멘.

하나님 아버지! 오늘은 특별히 추수감사 주일로 영광 돌리게 하심을 감사합니다.

베푸신 은혜 너무 많지만 늘 잊고 감사하지 못하고 살았던 우둔한 저희들을 용서하여 주시고 추수감사절을 통하여 지난날의 은혜에 감사하는 마음 충만하게 하여 주옵소서.

이 시간 은혜를 생각하며 돌아봅니다. 저희들에게 일용할 양식과 때를 따라 함께 하셨고 늘 도와주심으로 오늘 여기 우리가 있으니 감사합니다. 주님 안에서 행복한 가정과 자녀들과 일터를 주심도 감사합니다.

주님 전에 나와 마음껏 찬양할 수 있는 사랑하는 우리 교회 그리고 함께 하는 성도들과 아름다운 성전이 있어 예배드림을 감사합니다.

감사한 것을 생각하면 끝이 없으니 무엇으로 이 은혜를 모두 감사할 수 있겠습니까. 홀로 무궁한 영광 찬송 받으시옵소서.

예수 그리스도 이름으로 기도하옵나이다.
아멘.

사랑의 위로가 되시는 하나님 아버지 감사, 찬양, 영광 돌립니다. 연약한 저희들이지만 드리는 예배가 온전히 하나님께 기쁨으로 드려지는 예배가 되게 하여 주시옵소서.

저희들은 연약하고 미련합니다. 주님의 뜻을 깨닫고도 세상의 풍조와 땅의 것에 소망을 두고, 입술로는 주님의 자녀라 하면서 행동으로는 세상의 자녀처럼 살았습니다.

주님 용서하여 주시고 말씀으로 변화되어 새로워지고 거듭나게 하여 주옵소서. 영적 삶이 다시 한 번 성숙하기를 원합니다. 주님께서 저희 남양교회를 크고 높은 하나님의 뜻을 이루어가는 데 쓰임 받는 교회로 삼아 주시옵소서.

믿음의 길에서 열정과 순종을 다하는 남양교회가 되도록 부흥시켜 주시고 나아가 열방의 빛으로 삼아 주옵소서.

나를 구원하시기 위해 십자에 돌아가신 예수 그리스도 이름 받들어 기도드리옵나이다.
아멘.

사랑의 하나님, 주님을 찬양하게 하시니 감사드립니다.
영원토록 주님을 찬양하게 하시고 하나님의 자녀로서 행복한 자녀들 되게 하여 주옵소서.

주님은 십자가에 죽기까지 사랑하셨는데 주님을 사랑하기보다 도리어 자신만 위하지는 않았는지 돌아봅니다. 모양만 주님 자녀처럼 살아가는 부끄러운 모습을 발견하게 됩니다.

세월이 갈수록 우리 믿음은 더욱 깊고 든든히 뿌리를 내려야 하는데 제자리걸음만 합니다.

전진하길 원합니다.
깊어지길 원합니다.

우리 믿음을 견고하게 하여 주옵소서.

세월이 참 살같이 빠르게 지나 벌써 추수감사를 앞두고 있습니다. 돌아보며 감사하게 하옵소서.

우리 남양교회를 부흥시켜 주신 주님, 앞으로 이 교회가 사랑하며 섬기며 복음 전하는 교회로 놀랍게 더욱 부흥시켜 주셔서 활기차고 꿈이 가득한 빛과 소금 같은 교회로 크게 부흥시켜 주옵소서.

오늘 주신 말씀으로 영적 소경과 같은 우리들을 복된 길로 인도하여 주시옵소서.

길이요 진리요 생명이신 예수 그리스도 이름으로 기도합니다. 아멘.

영원히 찬양받으실 고마우신 하나님 아버지!
기쁨으로 성전에 나오게 하심을 감사드립니다.

광야 같은 이 세상에 사는 동안 우리의 심령이 상하고 세속에 물들고 피곤하여 지친 우리를 주님의 넉넉한 사랑의 품 안에서 참 쉼을 얻게 하시려고 생명의 양식으로 복되고 아름다운 시간으로 우리를 인도해주시니 무한히 감사드립니다.

오늘도 돌아보면 부끄럽지만 하늘로부터 내리는 생명수 같은 말씀으로 은혜 쏟아부어 주심으로 축복하여 주옵소서. 이 시간 주님의 품 안에서 참된 쉼을 얻기를 원합니다. 우리는 세상의 것에 배부르기보다 하나님 나라에 배부르고 싶습니다. 우리 심령의 참 만족함은 하나님 나라에 사는 것임을 깨닫고 오늘도 예수 안에서 살게 하옵소서.

"내가 주는 물은 영원히 목마르지 않으리라"라고 말씀하셨으니 주님의 생명의 말씀으로 배부르게 하여 주시고 심령의 메마른 땅에 단비같이 은혜를 쏟아부어 주옵소서.

예수 그리스도 이름으로 기도드립니다.
아멘.

존귀와 찬양 영광 받으실 하나님 아버지!
성전에서 찬양하며 예배드리게 하시니 감사를 드립니다.

항상 우리를 넘어뜨리려는 사탄의 유혹들이 있지만 사랑하는 성도들 잘 이겨내게 하시고 오늘 성전에 모여 찬양하게 하시니 감사드립니다.

주님은 담대하라 내가 세상을 이기었노라 하셨는데 우리는 믿음이 부족하여 때때로 의심하면서 나 자신의 힘만 믿고 주님 말씀에 대한 믿음의 길에 서지 못하였습니다.

지금 우리의 두 손을 들겠습니다.
입을 크게 열겠습니다.

주님의 선하시고 기뻐하시고 온전하신 뜻을 이루어가는 귀한 주님의 자녀들 다 되겠습니다.

주님 도와 주시옵소서.

하나님의 말씀 듣기를 원하는 사랑하는 자녀들이 하나님의 말씀을 들을 때 닫힌 귀와 마음 문을 열어주셔서 귀한 말씀이 우리의 마음밭에 뿌려지는 옥토의 씨가 되게 하여 주옵소서.

말씀 속에서 하늘의 비밀과 소망을 찾을 수 있는 진리를 깨닫는 시간 되게 하여 주옵소서.

길이요 진리요 생명이신 예수 그리스도 이름으로 기도드립니다. 아멘.

생명의 주인이신 거룩하신 하나님!
아버지 크신 은혜와 사랑에 감사와 찬송을 드립니다.

오늘 이 자리에 있어 예배드리게 하시니 무한히 감사합니다. 드리는 예배가 신령과 진정으로 드림으로 하나님 기뻐하시는 예배되게 하여 주옵소서.

계속된 가뭄으로 메마른 땅에 단비를 주시니 감사합니다. 흡족히 내려주셔서 풍요로운 농사가 되도록 축복하여 주실 것을 믿습니다.

저희들이 하나님을 멀리하고 세상을 먼저 더 가깝게 하였습니다. 모든 죄를 고백합니다. 믿음으로 살아야 할 우리가 먼저 흔들렸습니다.

세상 즐거움을 먼저 찾았고 주님 안에서 평안을 누리지 못했습니다. 주여 긍휼히 여겨주시고 귀하고 큰 믿음을 주옵소서.

오늘 이 자리에 함께하지 못한 성도들 생각하면 안타깝습니다. 주님께서 찾아가 주셔서 마음을 돌이켜서 다음 이 자리에 꼭 찾아

나올 수 있도록 도와 주시옵소서.

또한 여기 모인 성도들에게 은혜를 내려주셔서 들을 귀를 열어 말씀의 은혜 충만하게 받게 하여 주시고 우리 교회 하나님의 영광을 위해 빛나는 교회가 되게 하시고 세상을 밝히는 소금과 빛이 되어 많은 생명을 주님 앞으로 인도하는 데 쓰임 받도록 더욱 부흥되는 교회 되게 하여 주옵소서.

길이요 진리요 생명 되시는 주 예수 그리스도 이름으로 기도합니다.
아멘.

세상을 용서하시기 위해 독생자를 세상에 보내신 하나님 아버지! 주님께서 이 세상에 내려오신 성탄입니다.

주님이 그리스도 되심을 고백하는 성도들이 모여 경배드리오니 홀로 영광 받으시옵소서.

모든 나라와 민족과 교회들 위에 주님의 평화가 넘치게 하옵소서. 항상 지켜주심에도 믿음 없이 살아가는 부족함을 용서하여 주옵소서.

오늘도 성령의 감화가 있게 하시고 들을 귀를 열어주셔서 은혜 받고 변화되어서 주님의 일꾼으로 사명 감당하며 끝까지 승리하게 하옵소서.

주님의 십자가 보혈로 세워주신 이 교회가 한 영혼을 찾는 교회가 되게 하여 주옵시고 협력하여 선한 사마리아인같이 쓰임 받아 주님 기쁘시게 하는 교회가 되게 하여 주시옵소서.

섬기며 사랑하며 하나님 기뻐하시는 뜻을 이루도록 우리에게 필요한 모든 것 넘치도록 축복하여 주시옵소서.

병약함으로 고통 중에 있는 성도들에게 치유 회복의 은혜가 있어 강건하게 하옵소서.

오늘 주님 탄생을 기뻐하며 경배드립니다.
우리 모두를 축복하옵소서.

길이요 진리요 생명이신 예수 그리스도 이름으로 기도드립니다.
아멘.

하나님 아버지!

예배드리게 하심을 진심으로 감사드리며 무한한 영광을 올립니다. 무거운 짐 내려놓고 참된 쉼을 얻는 기쁨의 찬양과 용서의 기도와 향기로운 재물로 예배드리게 하여 주옵소서.

오늘 여기 우리 교회를 세워주셔서 감사드립니다. 세상을 변화시키며 하나님의 나라를 세우는 선하신 주님의 교회로 쓰임 받게 하옵소서. 천하보다 귀한 생명을 구원하는 사역을 감당케 하시고 상처받은 영혼이 위로받으며 삶의 소망을 갖게 하시며 누구도 소외됨이 없이 은혜와 사랑을 깨닫고 회복되는 교회, 은혜 넘치는 교회가 되도록 복을 내려 주옵소서.

주님 몸되신 교회를 위하여 기쁨으로 섬기는 성도들에게 능히 감당과 능력과 지혜를 더하여 주시고 열심과 충성을 다할 수 있도록 건강과 필요한 모든 것을 채워주시고 시간이 갈수록 우리 모두가 쓰임 받을 수 있도록 큰 복을 내려 주옵소서. 오늘 말씀으로 삶에 대한 소망을 얻고 기쁨과 치유의 역사가 일어날 줄 믿습니다.

죽기까지 사랑하신 예수 그리스도 이름으로 기도드립니다.
아멘.

자비로우신 하나님 아버지!
주님을 의지할 수 있는 믿음을 주시니 감사드립니다.

주님 앞에 설 때마다 저희들이 얼마나 무지하고 부족한 존재인지 실감합니다. 입으로는 주님을 찬송하면서도 믿음의 길을 걷지 못하고 주님 말씀 순종하지 못하였습니다. 순종하길 원합니다. 영생의 삶을 깊이 깨닫게 하시고 주님 삶을 본받아 날마다 기도하며 사랑하며 섬김의 복된 삶을 살게 하여 주시옵소서.

주님 도와주시옵소서. 저희의 인생을 복되게 하셔서 천사도 흠모하는 주의 복음을 위해 일하는 인생이 되게 하옵소서. 참된 일꾼을 찾으시는 주님의 음성을 들을 수 있는 영적 귀를 열어 주옵소서. 주님의 충성스러운 일꾼으로 사랑하는 우리 남양교회와 성도들과 이웃에게 복음 전하여 영혼 구원하는 일꾼이 되게 하여 주옵소서.

오늘도 마음의 문을 열어 말씀 듣는 귀가 열리기를 원합니다.
주님의 은혜를 깊이 깨닫는 시간이 되게 하여 주옵소서.

길이요 진리요 생명이신 예수 그리스도 이름으로 기도하옵나이다.
아멘.

나의 힘과 능력이시오 산성이시며 방패가 되시는 하나님 아버지! 주는 나의 피난처요 나의 요새시며 피할 바위이시며 숨을 그늘이십니다.

새해를 맞이하여 크신 팔로 안아주시는 아바 아버지 찬양합니다. 세상에는 안전한 곳이 없고 오직 아버지 품뿐입니다.

어디에도 만족함이 없사오며 오직 여기 주님의 품 같은 교회뿐입니다. 어디에도 참 평안함이 없습니다.

오직 주님의 말씀 안에서 참 평안을 찾을 뿐입니다.
참 쉴 곳은 오직 아버지 품밖에 없습니다.

새해에도 변함없이 눈을 열어주셔서 주님을 보게 하옵소서. 새해에도 변함없이 주님을 사랑하는 마음을 빼앗는 저 사악한 원수 마귀를 찢어 주옵소서. 오직 나는 주님밖에 없사오니 나를 긍휼히 여겨 살펴주소서.

이제 나의 마음을 강하게 하고 담대히 하여 주사 오직 예수 그리스도를 증거하게 하옵소서.

하나님이 나의 아바 아버지시니 내가 누구를 두려워하리요.

모든 영광과 존귀와 능력을 찬송 받으시기에 합당하신 하나님 아버지를 찬송합니다. 우리 예배를 기쁘게 받아 주옵소서.

주 예수 그리스도 이름으로 기도하옵나이다.
아멘.

사랑의 하나님 아버지!

당신은 나의 피난처요, 요새시며, 피할 바위시며, 숨을 그늘입니다. 나의 힘이 되시며, 능력이시오, 산성이시며, 방패 되시니 크신 팔로 안아 주시옵소서. 하나님 아버지를 찬양합니다.

새해도 벌써 많은 시간이 지나고 있습니다. 부족한 저희들 오직 주님만을 바라보옵니다. 한 걸음 한 걸음 전진하게 하옵소서. 내 마음을 흔드는 사악한 원수 마귀 찢어 주옵소서.

오직 나는 주님밖에 없사오니 나의 마음을 강하고 담대히 하여 내 주 되시는 주님만 따라가게 하옵소서. 이제 하나님의 크신 권능으로 사랑하사 새해에는 반드시 승리하게 하여 주시옵소서.

어디를 가도 안전하게 하여 주시옵소서. 무엇을 해도 성공하게 하여 주시옵소서. 하늘 보고를 여사 넘치도록 부어 주옵소서. 믿습니다. 우리가 누구를 두려워하리요, 모든 영광과 존귀와 능력과 찬송을 받으시기에 합당하신 아바 아버지를 찬송하며 예배합니다. 말씀에 은혜 충만하게 하옵소서.

길이요 진리요 생명이신 예수 그리스도 이름으로 기도하옵나이다. 아멘.

사랑의 하나님 아버지!
오늘도 눈동자같이 돌보시고 지켜주시니 무한히 감사드립니다.

우리가 하나님의 자녀 됨을 진심으로 감사와 영광 찬송 드립니다. 우리가 평생 동안 하나님을 찬양하게 하시고 하나님의 자녀로서 믿음이 더욱 성숙해가는 귀한 자녀들 되도록 끝까지 인도하여 주옵소서.

겉모양만 주님의 자녀처럼 살아오진 않았는지 돌아봅니다.

세월이 지날수록 우리의 믿음은 더욱 성장하고 튼튼히 뿌리를 내려야 하는데도 언제나 약한 모습으로 제자리걸음만 하는 것 같아서 참으로 부끄럽습니다. 믿음을 주옵소서.

뒤돌아보니 벌써 한겨울로 접어들고 있습니다.
세월이 참 살 같이 빠르게 지나감을 실감합니다.

우리 교회를 사랑하며 섬기며 부흥되는 교회로, 더욱 활기차고 소망이 가득한 교회로 이루어주셔서 주님의 생명의 면류관 교회로 세워 주옵소서.

오늘도 변함없이 말씀의 은혜를 쏟아부어 주시옵소서.

영원히 영광 찬송 받으실 길과 진리요 생명이신 예수 그리스도 이름으로 기도드립니다.

아멘.

사랑의 하나님 아버지! 지금까지 지켜주심을 감사드리며 추수 감사로 영광드립니다. 받아주옵소서.

사랑하는 가족과 예배드릴 수 있는 교회와 함께 예배할 수 있는 믿음의 형제들과 땀 흘려 일할 수 있는 일터와 건강과 살아가는 환경들을 주신 모든 것에 감사드립니다. 감사를 일상의 삶 속에서 언제나 찾아야 하는데 생각해보면 저희들은 감사의 조건들을 찾지 않고 지금까지 만족함이 없이 살았습니다.

항상 자족하는 마음을 주셔서 매일매일 감사가 끊이지 않도록 이제는 좀 더 만족하고 감사하는 마음이 넘치기를 원합니다. 우리들이 그리스도인들이기 때문에 존경받을 수 있는 주님의 거룩한 도구로 사용되어지도록 항상 섬기는 모습으로 저희들이 세상에 빛을 발하여 승리하게 하여 주시옵소서.

오늘의 말씀으로 갈급한 우리의 심령 위에 하나님의 생명의 말씀을 주심으로 은혜 충만하게 하옵소서.

예수 그리스도 이름으로 기도하옵나이다.
아멘.

존귀와 찬양 영광 받으실 하나님 아버지!
주님의 날에 예배하게 하시니 감사드립니다.

항상 우리를 넘어뜨리려는 유혹들이 있지만 잘 이겨내게 하셔서 오늘 이곳에 모이게 하시니 감사드립니다.

우리는 믿음이 부족하여 온전히 믿지 못하고 의심하였습니다.

주님의 말씀을 항상 들으면서도 마음과 행동은 따라가지 못하는 약한 믿음뿐입니다.

주님! 우리의 부끄러운 두 손을 높이 들게 하여 주시옵소서.

우리의 약한 마음을 붙잡아주시어 더욱 담대하고 강한 믿음의 자녀들로 만들어 주옵소서.

주님의 뜻을 이루어가는 자녀들로서 오늘 주시는 말씀을 들으려고 합니다.

닫힌 귀와 마음 문을 열어주시고 귀한 말씀이 우리의 마음밭에 뿌려지는 옥토의 씨가 되게 하여 주옵소서.

말씀 속에서 하늘의 비밀과 이 땅의 소망의 삶을 찾을 수 있는 지혜와 진리를 발견하는 귀한 시간 되게 하여 주옵소서.

우리를 구원하신 예수 그리스도 이름으로 기도드립니다.
아멘.

하나님 아버지 경배와 찬양을 드립니다.
아바 아버지라 부르게 하신 사랑을 영원토록 감사드립니다.

돌아보니 은혜를 잊고 도리어 주님 영광을 가리는 일이 얼마나 많았는지 모릅니다.

영광 받으셔야 할 자리에 먼저 앉기를 좋아하면서 아버지의 뜻에 순종을 기피했습니다.

이 시간 주님의 말씀 앞에 나 자신을 조명하며 부족한 모습을 다시 한 번 깨닫는 시간이 되게 하여 주옵소서.

아직도 내 눈에 있는 들보는 보지 못하는 마음의 소경된 우리들, 이제는 남을 높이고 아래에 서게 하시고 하나님의 선하시고 인자하시며 온전하신 뜻이 무엇인지 분별하여 먼저 우리들이 서로 사랑할 수 있게 하여 주옵소서.

오늘도 하나님만 영광 받으시길 원합니다.
우리가 주의 도구로 사용되어지길 원합니다.

찬양의 소리가 날로 커지게 하여 주셔서 여기 빈자리를 가득 채워 부흥시켜 주시어 어둠을 밝히는 등대 같은 교회로 세워 주옵소서.

십자가 은혜 사랑의 주님 예수 그리스도 이름 받들어 기도드립니다.
아멘.

사랑의 하나님 아버지! 오늘도 영광 찬송의 예배를 드림으로 주님께 기쁨이 되게 하시니 감사드립니다.

매일 누리며 살아가는 모든 것이 하나님의 은혜임에도 그 은혜가 무엇인지조차 모르고 살았습니다. 이 시간 은혜를 깊이 깨닫게 하셔서 모든 성도들이 마음의 문을 열어 은혜로 가득한 시간이 되게 하옵소서. 이곳에 사랑하시는 교회를 세우시고 튼튼히 부흥하게 하시는 하나님 아버지 감사합니다.

우리 교회의 모든 성도들의 가정과 자녀들이 평안하고 건강하며 신앙으로 성공하며 승리하게 하옵소서. 사랑하는 교회를 통하여 하나님의 나라와 교회의 지경이 확장되게 하옵소서.

오늘도 간절히 기도하는 갈급함을 응답으로 축복하시고 나아가 고난을 이겨내는 믿음을 주옵소서. 주시는 강단의 말씀이 심령을 깨우고 상처가 치유되고 주님의 사랑과 은혜가 충만하도록 하옵소서.

길이요 진리요 생명이신 예수 그리스도 이름으로 기도드립니다. 아멘.

영원한 생명 길로 인도하여 주신 하나님 아버지!
　감사와 찬송으로 영광을 드립니다. 성령님 인도하사 아름다운 성전에서 영광의 예배드리게 하시니 무한 감사드립니다.

　주님의 보혈로 세워주신 우리 교회가 구원의 방주로 지역사회의 빛과 소금의 역할을 다하여 주님께 기쁨이 되는 교회가 되게 하여 주시옵소서.

　성령의 나타나심으로 예배와 기도의 회복과 응답이 체험되며 섬김과 봉사와 헌신으로서 부흥의 역사와 축복의 역사가 일어나게 하여 주옵소서. 저희들에게 사명 감당의 능력을 주셔서 주님의 선하고 복된 일꾼들로 차고 넘치게 하옵소서.

　오늘의 말씀을 통하여 은혜 충만, 성령 충만, 말씀 충만하게 하심으로 지혜와 총명을 더하여 주시고 악한 사탄의 역사를 물리치게 하시며 선포되는 말씀에 권능과 영육 간에 강건함을 말씀을 듣고 깨닫고 순종하는 선하신 은혜를 더하여 주옵소서.

　주님의 자랑이요 면류관이 되는 성도들이 되도록 축복하여 주시기를 원하며 예수 그리스도 이름으로 기도드리옵나이다.
　아멘.

사랑의 하나님 아버지! 감사와 찬양과 영광을 돌립니다.
변함없이 지켜주시는 은혜를 기억하며 무한히 감사드립니다.

인도하여 주시는 성령님 역사하심 속에서도 무감각하게 살았던 저희들을 긍휼히 여겨주시기를 원합니다. 저희들의 심령을 깨워 불같이 뜨겁게 사로잡아 주옵소서. 믿음으로 응답받고 기도로 체험하게 하옵소서.

오늘 이 시간 말씀 충만하게 하사 불신앙과 타협하지 않게 하시고 주님을 담대히 증거하고 사탄의 역사 앞에서도 굴복하지 않는 믿음을 주옵소서.

지친 심령들에게 쉼과 위로와 소망이 넘치게 하시고 아픈 자 치료의 역사가 있게 하시며 믿음의 반석 위에 굳게 서고 확신에 찬 생활이 되게 하시어 기도하는 자마다 체험의 응답을 주시옵소서. 주님이 주인 되시는 교회를 위하여 충성된 일꾼들에게 큰 복을 내려 주시고 풍요와 건강한 삶이 생활 속에서 넘쳐나게 하옵소서.

영원히 찬송 받으실 예수 그리스도 이름으로 기도드립니다.
아멘.

사랑의 주님! 믿음 주심으로 오늘도 영광의 자리로 나왔습니다. 찬양합니다. 감사합니다. 돌아보면 모두가 주님의 은혜요 사랑이었습니다. 심령과 진정의 예배가 되게 하옵소서.

이곳에 우리 남양교회를 세우심은 영혼을 사랑하사 영원한 생명을 주시기 위함인 줄 믿습니다. 저희 모두가 오직 주님의 영광을 위하여 살아가도록 복을 내려 주옵소서.

연약하고 부족한 저희들에게 하나님의 자녀로 세상에서 성별 되어 승리할 수 있도록 믿음 주시옵소서.

사랑하는 저희 교회로 인하여 고난 중에 있는 사람이 평안을 얻게 하시고 고통 중에 있던 영혼이 자유를 얻을 수 있는 거룩한 교회가 되게 하여 주시옵소서.

저희에게 주의 사랑으로 섬김을 다하도록 은혜를 주시어 영혼을 살리는 도구로 사용하여 주옵소서. 성령께서 은혜의 말씀으로 닫힌 마음 문의 빗장을 열어 주옵소서.

예수 그리스도 이름으로 기도합니다.
아멘.

생명의 주인 되시는 하나님 아버지!
크신 사랑과 은총에 감사와 찬송을 드립니다. 아름다운 성전에서 예배하게 하시오니 무한 감사드립니다.

오늘 드리는 예배가 심령과 진정으로 드리는 예배가 되게 하시고 자비하신 은혜를 흡족하게 내려 주시옵소서.

연약하여 믿음으로 살아야 할 우리가 평안을 누리지 못했습니다. 평안을 주옵소서.

주님의 말씀대로 살아가며 평안의 복음을 전할 수 있도록 귀한 믿음을 주옵소서.

오늘 쏟아부으시는 주님의 은혜가 넘치기를 원합니다.
말씀으로 인하여 주 안에서 변화되고 형통하게 하옵소서.

우리에게 상처가 씻어지고 참 평안이 회복되고 건강이 회복되며 믿음이 연약한 심령들에게는 담대한 믿음을 주옵소서.

나를 통하여 우리의 교회가 화목하고 부흥되게 하시고 교회가 이 세상에서 소금과 빛으로 역할을 충분히 감당하며 많은 생명들을 주님 앞으로 인도하여 정오의 빛같이 빛나는 교회가 되게 하옵소서.

거룩하신 주 예수 그리스도 이름으로 기도드립니다.
아멘.

거룩하신 하나님 아버지!

크신 사랑과 은총에 감사와 찬송을 드립니다. 주님을 찬양하며 예배하게 하시오니 무한 감사합니다.

오늘 드리는 저희 예배가 심령과 진정으로 드릴 수 있게 하시고 자비하신 은혜를 저희들에게 흡족하게 내려 주시옵소서.

살아오며 알게 모르게 저희들이 지은 모든 죄를 고백하며 뉘우치오니 저희들의 죄와 잘못을 용서하여 주옵소서.

믿음으로 살아야 할 우리의 주님을 닮지 못하고 속된 생각으로 흔들렸습니다. 주님 안에서 평안을 누리지 못했습니다.

주여! 저희들을 긍휼히 여겨 주옵소서.

저희들이 주님을 믿는 성도로서 본분을 다할 수 있는 귀하고 큰 믿음을 허락하여 주옵소서.

예배를 드림으로 저희들에게 복을 쏟아부어 주시어 주 안에서 형통하게 하옵소서.

갈급한 심령들에게 말씀의 은혜와 충만을 허락하옵소서.

저희 교회가 이 세상에서 소금과 빛의 역할을 감당하며 많은 생명들을 주님 앞으로 인도하는 데 부족함이 없게 하옵소서.

거룩하신 주 예수 그리스도 이름으로 기도드립니다.
아멘.

사랑의 주님!

오늘도 변함없이 저희들을 주님 전으로 불러주시니 감사합니다. 믿음으로 산다고 하면서도 돌아보면 믿음 없이 살아왔습니다.

이 시간 저희들 긍휼히 여기시어 큰 믿음을 주옵소서.

주님께서는 언제나 믿음이 없는 것을 안타깝게 여기셨습니다. 복을 빌기 전에 우리에게 큰 믿음을 먼저 주옵소서.

에녹은 믿음으로 죽음을 보지 않고 옮기움을 받았고, 노아는 믿음으로 방주를 예비하여 그 가족을 구원하였습니다.

아브라함도 오직 믿음으로 의롭다 함을 얻었으므로 우리도 믿음의 사람이 되게 하여 주옵소서.

그리고 매일 매일의 생활 속에서 주님께서 너도 이와 같이 하라 하신 대로 이웃을 내 몸과 같이 사랑하게 되는 자비로운 마음을 주옵소서.

또한 사랑의 주님, 간절히 원합니다.

감사하는 마음을 우리 마음에 가득하게 채워주셔서 천국 같은 행복한 삶을 살게 하옵소서.

오늘도 변함없이 강단의 말씀에 은혜 넘치도록 받게 하여 주시옵소서.

예수 그리스도 이름으로 기도드립니다.
아멘.

측량할 수 없는 주님의 은혜에 감사드립니다.

주님 이 땅에 오셔서 멸시 천대의 십자가 지시고 죽음을 당하셨습니다. 그러나 삼일 만에 부활하셔서 죽음에서 생명으로 인도하여 주셨습니다.

영원하신 부활의 주님!
주님은 보혈의 은혜로 저희들을 씻어주셨지만 저희들은 부활의 생명을 잊었습니다.

어리석은 저희들을 깨우쳐 주셔서 다시 사신 부활의 주님 증인이 되게 하옵소서.

주님을 볼 수 있는 영안을 열어 주옵소서.
부활의 생명을 볼 수 있게 하옵소서.

주님께서 말씀하시기를 너희는 먼저 그의 나라와 그의 의를 구하라 하셨으니 하늘에 속한 신령한 은사를 먼저 구하는 저희들이 되게 하여 주옵소서.

사랑의 주님!

보이는 것에만 소망을 두고 살다가 실망하지 않게 하시고 보이지 않는 영원한 참 소망을 바라보고 살아가게 하옵소서.

오늘도 예배를 성령께서 인도하여 주시고 온전히 부활의 주님만 영광 찬송 받으시옵소서.

죽음 권세를 이기시고 부활하신 예수 그리스도 이름으로 기도드립니다.

아멘.

사랑의 하나님 아버지!

변함없이 저희들을 주님 전으로 불러주시니 감사합니다. 우리의 죄를 지시고 십자가에 죽으신 주님의 크신 사랑을 찬양합니다.

주님의 사랑을 마음 깊이 받아들이는 믿음의 사람이 되게 하여 주옵소서. 살아온 날들을 돌아보면 믿음 없이 살아왔습니다.

이 시간 저희들 간절히 기도합니다. 연약한 믿음이 큰 믿음과 강한 믿음으로 성장하도록 축복하여 주옵소서. 그 믿음이 더불어 섬기며 사랑하는 깊고도 넓은 믿음이 되게 하여 주옵소서. 주님께서 원수까지 사랑하신 진실한 아가페 사랑을 우리에게도 주옵소서.

매일 매일의 생활 속에서 주님 사랑의 덕만 쌓으며 살게 하옵소서. 이웃을 내 몸과 같이 사랑하며 진정으로 나를 핍박하는 자까지 사랑하게 되는 자비로운 마음을 허락하여 주옵소서. 천국 문에 이를 때에 주님 품에 안겨 면류관 쓰게 하옵소서. 사랑의 주님! 오늘 심령과 진정을 다하는 예배를 기쁘게 받아 주옵소서.

영원하신 사랑의 예수 그리스도 이름으로 기도드립니다.
아멘.

생명의 주인 되시는 하나님 아버지!
예배를 귀하게 여겨 주님 전을 사모하며 찾았습니다.

기쁘고 즐거운 행복한 예배자가 되게 하여 주옵소서. 간절한 기도로 은혜 충만한 예배가 되게 하시고 성령의 역사하심으로 체험하며 부흥하는 예배가 되게 하옵소서.

말씀의 은혜를 쏟아부어 주셔서 오늘도 지친 인생으로 살아가는 저희들을 위로하여 주시고 상처받은 심령마다 주님께서 어루만져 주시어 새 힘을 얻고 돌아가는 시간이 되게 하여 주옵소서.

성령 충만하여 강퍅한 저희의 심령이 녹아지는 시간 되게 하여 주옵소서. 말씀으로 영의 눈을 떠서 주님의 주권을 볼 수 있는 시간 되기를 원합니다. 연약하지만 부름을 받아 복음에 쓰임 받을 수 있는 사람 되기를 원합니다. 저희를 부르시고 찾으시는 주님께서 오늘도 사랑의 손길로 붙들어 주실 때 마음을 다하고 힘을 다하여 하나님을 사랑하는 은혜가 저희들에게 넘치기를 원합니다.

길이요 진리요 생명이신 예수 그리스도 이름으로 기도합니다.
아멘.

사랑의 하나님 아버지!

우리의 피난처요, 요새시며, 피할 바위시며, 그늘이십니다. 크신 팔로 안아주시는 당신을 찬양합니다.

어디에도 만족함과 평안함이 없는 세상에서 살았습니다. 쉴 곳은 오직 아버지 품밖에는 없음을 알고 오늘 이 자리에 나왔습니다.

참된 안식을 주옵소서. 오늘 부족하지만 드리는 예배가 신령과 진정을 다하는 예배가 되어 저희들의 예배를 받아주옵소서.

저희들의 모습은 아름답지 못했습니다. 늘 마음에 주님의 말씀을 담고 살려 하지만 욕심이 앞서고 이기적인 저희들이었습니다.

부끄럽기만 한 저희를 긍휼히 여겨 주시사 새롭게 변화되는 시간 되게 하옵소서.

광야 같은 세상에는 영혼을 소생시키시는 아바 아버지의 지극하신 사랑을 볼 수 있는 눈을 열어주시어 보게 하옵소서.

예배와 멀어지도록 이간하고 유혹하는 사악한 원수 마귀를 물리쳐 주옵소서.

아바 아버지시니 우리가 무엇을 두려워하리요.
크신 권능으로 사랑하는 자녀들을 붙들어 주옵소서.

영광과 존귀와 찬송을 받으실 예수 그리스도 이름으로 기도하옵나이다.
아멘.

은혜의 하나님 아버지!

거룩하고 복된 날 예배하게 하시고 생면 양식인 영혼의 만나를 내려주시니 무한히 감사드립니다.

오늘도 해결하지 못한 무거운 죄의 짐을 내려놓기 위해 이곳에 나와서 머리를 조아립니다.

주의 보혈로 씻어 주시옵소서.

저희들은 거룩한 삶을 살기 원합니다. 세상에서 사는 날 동안 영적 싸움을 싸우지 못했습니다.

힘을 다하여 사탄 마귀 유혹 극복하려고 했지만 믿음이 없었습니다. 문제를 안고 주님 앞에 나왔습니다.

예수님의 보혈로 흰 눈같이 씻어주시고 치유하여 주시옵소서.

주님 말씀으로 은혜받고 살아갈 때 믿음이 강하여 날마다 승리하는 삶이 되게 하옵소서.

영혼들을 건지는 하나님의 일꾼이 되게 하옵소서.

주님을 찬송하며 어떤 고난도 피하지 않게 하옵소서.

예배시간은 저희들 삶에서 가장 존귀한 때입니다. 마음을 열어 겸손하게 말씀을 듣게 하옵소서.

그 말씀이 저희 발에 등이요 길이요 빛이 되게 하여 주옵소서.

예수 그리스도 이름으로 기도하옵나이다.
아멘.

자비로우신 하나님 아버지!
감사와 찬양과 영광을 돌립니다.

저희를 변함없이 지켜주시는 은혜를 기억하며 주님의 성전을 찾아 나올 수 있도록 인도해주시니 무한 감사합니다.

오늘도 행복한 예배자가 되게 하시고 저희들의 부족한 심령을 성령의 능력으로 사로잡아 주옵소서.

믿음으로 응답받고 기도로 살아 체험하게 하옵소서.

오늘 이 시간 오순절 마가의 다락방에서 충만하게 임하셨던 성령의 역사하심이 이 예배 가운데 임하여 주시기를 원합니다.

은혜를 사모하는 심령마다 은혜 충만하게 하옵소서. 돌이킴과 회개의 역사가 일어나게 하옵소서.

그 어떤 고난도 물러서지 않게 하시고 삶에 지칠 때 위로와 평안의 쉼을 얻게 하시며 상처의 심령은 치유의 역사가 있게 하시고 믿음 위에 굳게 서고 확신에 찬 생활이 되게 하여 주옵소서.

주님의 몸된 교회를 위하여 충성하는 일꾼들에게 주께서 복을 주시어서 복되고 형통하며 강건한 삶이 생활 속에서 넘쳐나게 하옵소서.

예수 그리스도 이름으로 기도드립니다.
아멘.

광야 같은 세상에서 푸른 초장 쉴 만한 물가로 인도하시는 하나님 아버지 참 쉼을 얻기 원합니다. 은혜의 위로를 내려 주옵소서.

갈급하여 모인 저희들에게 송이꿀 같은 신령한 말씀을 부어주셔서 생명의 양식이 되게 하옵소서.

인간의 의지와 노력만으로 살려 했던 생활이 하나님의 도우심으로 다시 회복되는 은혜의 시간이 되게 하옵소서.

우리의 싸움은 혈과 육에 대한 것이 아니요, 하늘에 있는 악의 영들, 어둠의 세력들인 것을 알면서도 마음을 지키지 못하여 때로 넘어집니다.

보이는 것 때문에 감추어져 있는 영적 보화를 잃어버리지 않도록 축복하여 주옵소서.

우리의 생각이 앞서지 않게 하시고 판단하기보다 섬기게 하여 주옵소서.

저희의 신앙이 세상을 변화시키는 능력 있는 주님의 제자가 되게 성령 충만하게 하여 주옵소서.

교만한 자를 물리치시는 주님!
치유되기를 원하오니 권능의 말씀으로 고쳐 주옵소서.
사탄의 권세 능히 부서지는 생명의 능력으로 고쳐 주옵소서.

진리요 생명이신 예수 그리스도의 이름으로 기도합니다.
아멘.

사랑의 하나님 아버지!
저희를 불러주셔서 성전에 나오게 하시니 감사드립니다.

잠시라도 세상에 취했던 모습이 있다면 주님의 보혈로 깨끗이 씻어 주옵소서.

우리는 세상의 보이는 것을 먼저 추구하고 따라가며 살았습니다. 세상의 육신적인 것을 얻어보기도 하고 누려보기도 했습니다.

하지만 참 만족은 없고, 얻으면 얻을수록 우리 심령의 목은 더 마르고 부족했습니다. 순수한 믿음을 선물로 주시고 하늘로부터 임하는 은혜로 채워 주옵소서.

주님께서 누구든지 목마르거든 내게 와서 마시라 내가 주는 물은 그 배에서 생수의 강이 흘러나리라고 하셨듯이 이 시간 주님께서 주시는 생수 마시기를 원합니다.

우리 심령의 편안함과 만족함은 주님께 있는 것을 믿고 오늘도 성전으로 나왔습니다.

우리 심령을 시원하게 하고 만족하게 하는 은혜를 주시옵소서.

하나님께서 세우신 주님의 종을 통하여 우리 심령 깊은 곳에 가물며 메마른 땅에 단비를 내리듯이 은혜의 말씀을 내려 주옵소서.

예수 그리스도 이름으로 기도하옵나이다.
아멘.

창조주 하나님 아버지!
은혜의 빛으로 인도하여 주셔서 예배자가 되게 하시니 감사드립니다.

영원히 영광 찬송 받으시옵소서.

이 자리에 나올 때마다 온 성도들이 한 자리에 모이지 못한 것이 안타깝기만 합니다. 주님을 만날 만한 때를 찾으라고 하셨지만 세상에 취해 방황합니다.

성령의 임재하심을 깨닫고 하나님의 사람이 될 수 있도록 도와주시기를 원합니다

오늘 저희들이 주님의 십자가 공로를 힘입어 나왔지만 부끄럽습니다. 항상 새롭게 되는 시간 되게 하옵소서.

성령님께서 함께 하여 원하시는 길로 걷게 하시고 주님의 십자가 사랑을 본받아 주님의 영광을 드러내고 주님의 뜻을 좇아 살아갈 수 있는 저희들이 되게 하여 주시옵소서.

주님의 사랑을 받는 저희들이 더욱 힘써서 기도하며 사랑해야 될 줄로 압니다.

강단에 주신 주님의 말씀을 통하여 믿음이 더욱 견고하게 하시고 순수하고 착한 믿음의 사람들이 되도록 예비하신 은혜를 넘치도록 부어 주시옵소서.

예수 그리스도 이름으로 기도드립니다.
아멘.

사랑의 하나님 아버지! 영원히 홀로 찬양받으실 거룩한 자리에 나오게 하시니 감사드립니다. 성탄이 오늘 밤으로 다가왔습니다. 주님께서 세상에 화평을 주시려 오신 목적을 저희들 깨달아 평화의 세상을 만들도록 은혜 내려 주옵소서.

십자가 보혈의 은혜로 아무 공로 없이 구원받은 우리가 먼저 하나님의 자녀답게 살아가게 하시고 감사하며 자족하는 믿음의 자녀들 되게 하시며 먼저 믿은 우리가 먼저 감사하고, 먼저 쓰임 받게 하여 주옵소서. 그리하여 이제는 우리가 마땅히 할 일을 하게 하옵소서.

우리의 주변에 희망보다는 절망하는 이들에게 사랑의 복음을 들고 가는 평화의 도구가 되게 하옵소서. 세상이 어두울수록 빛을 찬란히 비추어 사랑하는 이웃과 형제들을 돌아보고 나누고 섬기며 사랑하는 주님 기쁘시게 하는 공동체가 되게 축복하여 주옵소서.

하나님의 말씀을 듣고자 합니다.
들을 귀를 주시고 은혜받고 깨닫게 하여 주옵소서.

예수 그리스도 이름으로 기도하옵나이다.
아멘.

사랑의 하나님 아버지!

오늘도 당신의 자녀들을 눈동자같이 지켜주시고 돌보아주셔서 주님을 찬양하는 자리에 나오게 하시니 감사드립니다.

저희들이 평생 동안 하나님을 찬양하게 하시고 하나님의 자녀로서 믿음이 더욱 성숙해가는 귀한 자녀들이 되도록 도와 주시옵소서. 주님은 우리를 위해서 죽기까지 사랑하셨는데 우리는 희생의 헌신보다 욕심만 앞세우는 껍데기뿐인 모습을 깨닫게 됩니다.

세월이 갈수록 믿음이 더욱 성숙하고 뿌리가 깊은 신앙으로 든든히 서가야 하는데도 언제나 제자리걸음만 하는 부족한 모습을 긍휼히 여겨 주옵소서.

금년 시작한 것이 엊그제 같은데 벌써 12월을 눈앞에 두고 있습니다. 유종의 미를 거두게 하여 주옵소서. 사랑하는 주님 앞으로도 우리의 교회를 더욱 사랑하며 섬김으로 놀랍게 부흥되는 교회로, 활기차고 왕성하게 하나님의 꿈을 실현하는 교회로 튼튼히 세워 주시옵소서. 오늘도 강단의 말씀으로 은혜 쏟아부어 주옵소서.

길이요 진리요 생명 되신 예수 그리스도 이름으로 기도합니다. 아멘.

영원하신 사랑의 하나님 아버지!
지금까지 우리의 생명을 지켜주심을 감사드립니다.

사랑하는 가족과 일터를 주시고 마음껏 찬양하며 예배드릴 수 있는 우리 남양교회와 함께하는 믿음의 형제들과 행복한 삶을 살아가는 좋은 환경들, 이 모든 것들을 감사드립니다.

오늘도 꼭 있어야 할 거룩하고 복된 자리로 불러주신 은혜, 감사 찬양 영광을 돌립니다.

항상 자족하는 마음을 주셔서 늘 감사가 사라지지 않도록 도와 주옵소서.

이제는 어떻게 하면 좀 더 사랑하고 섬길 수 있을까 하는 마음도 우리에게 주시옵소서.

나아가서 우리가 그리스도인들이라 불리움을 받을 수 있는 주님의 거룩한 도구로 사용되도록 도와 주옵소서.

사탄 마귀는 우는 사자와 같이 삼킬 자를 찾는 이때에 항상 말씀과 기도로 준비되어 세상에 빛을 발하여 승리하는 교회가 되게 하여 주옵소서.

오늘도 강단에서 갈급한 우리의 심령 위에 생명의 말씀을 부어 주심으로 은혜 충만하게 하옵소서.

예수 그리스도 이름으로 기도하옵나이다.
아멘.

생명의 주인 되시는 하나님 아버지!
죄로 죽을 수밖에 없는 저희들을 주님의 자녀로 삼아주시고, 천국 잔치에 불러주신 은혜에 예배로 영광드립니다.

세상에는 그 어떤 것도 위로가 없음을 깨달았습니다. 우리의 상한 심령에 이 시간 위로와 평안을 내려 주옵소서.

탕자 같은 우리들, 주님 말씀이 그립고 주님의 품이 참으로 그리웠습니다.

저희들을 긍휼히 여겨 주시고 평안을 내려 주옵소서.

오늘도 주시는 강단의 말씀으로 은혜 충만, 말씀 충만하게 하여 주시옵소서.

하나님의 모든 말씀이 좌우의 날 선 검과 같이 우리의 영과 혼과 관절과 골수까지 찔러 쪼개어 아직도 버리지 못한 육신의 정욕과 안목의 자랑들을 온전히 버리고 은혜의 말씀만 고이 간직하고 돌아가는 귀한 시간 되게 하여 주시고 하나님의 존귀하신 이름이 영광되도록 살아가게 하옵소서.

우리의 부족하고 결핍된 것들을 충분하게 채워주셔서 감사드리며, 쓰임 받을 수 있도록 축복하여 주옵소서.

길이요 진리요 생명이신 예수 그리스도 이름으로 기도하옵나이다.

아멘.

오늘 거룩한 예배의 자리로 인도하신 하나님 아버지 감사합니다. 주님은 우리의 이름을 부르며 기뻐하시는데 저희들은 뒤돌아볼 때 주님의 뜻과 달리 내 마음대로 살았습니다.

주님을 믿지 않는 자들처럼 연약한 모습으로 살았고, 주님의 말씀을 알면서도 말씀대로 살지 못하였습니다.

주님 참회합니다.

오늘도 말씀에 은혜받고 주님의 자녀답게 살아갈 수 있도록 우리에게 성령을 부어주셔서 주님 말씀을 살아내는 저희들 되게 하여 주옵소서.

주님 저희 믿는 자들이 어떻게 살아야 하겠습니까?
깨닫게 하옵소서.

우리의 기도를 듣기 원하시는 주님, 믿는 저희들이 먼저 주님 앞에 자복하고 회개하는 역사가 일어나게 하옵소서.

주님 우리의 모든 미래를 믿음의 눈으로 바라보게 하시고 성도들이 믿음과 기도로 다시 일어나 소금의 맛을 내고 빛을 발할 수 있도록 주님 도와 주시옵소서.

이 시간 예배드릴 때에 주님만 영광 받으시고, 날마다 우리의 삶이 예배가 되어서 감사와 찬양이 끊이지 않아 우리 모두가 행복한 날을 살아가게 하옵소서.

살아계셔서 지금도 역사하고 계시는 예수 그리스도의 이름으로 기도드립니다.
아멘.

사랑하는 하나님 아버지!

오늘도 성전으로 불러주시고 높으신 주님의 이름을 찬양하며 주 안에 사랑하는 성도들과 함께 화목하게 예배드리게 하신 것 참으로 감사합니다.

주님께서 세우신 우리 교회를 통해 형제 자매가 되게 하여 주시고 사랑 안에서 하나 되게 하여 주신 것 감사합니다.

광야와 같은 세상에서 묵묵히 믿음을 지켜온 주님을 사랑하는 백성들, 믿음의 역사와 사랑의 수고와 소망의 인내를 가지고 흔들리지 않고서 반석 위에 세운 교회처럼 끝까지 승리하게 하여 주옵소서.

사랑의 주님!
새롭게 시작하길 원합니다.
믿음의 생각들로 변화되기를 원합니다.

기드온의 300명 용사같이 주의 강한 용사들 될 줄 믿습니다. 에스겔의 환상과 같이 골짜기의 마른 뼈가 살아나는 역사가 일어나듯 빛을 잃어가는 세상에서 섬기고, 도우며 땅 끝까지 주님의 증인의 삶을 살아가는 빛나는 교회로 쓰임 받게 하여 주옵소서.

우리의 마음을 다하고, 목숨을 다하고, 뜻을 다하고, 힘을 다하여 하나님을 사랑하는 성도들 모두가 되게 하여 주옵소서.

길이요 진리요 생명이신 예수 그리스도 이름으로 기도드립니다. 아멘.

거룩하신 하나님 아버지!
오늘도 감사 감격하며 예배드립니다.
홀로 영광 받으소서.

매일 삶을 돌아보면 모든 것이 하나님의 은혜임을 깨닫습니다.

그 은혜를 잊지 않고 살게 하여 주서서 우리의 마음이 하나님을 향하여 언제나 열림으로 닫지 않게 하옵소서.

사랑하는 남양교회는 어머니 품속 같은 교회로서 회개하며 돌아오는 당신의 자녀들을 지키시고 이기게 하시며 영원히 살게 하셔서 날마다 평안하고 즐겁고 건강하며 승리하게 하옵소서.

이곳 교회는 주님이 기뻐하시는 천국 잔치가 되게 하셔서 이곳에 모인 우리에게 사랑의 주님, 오늘도 육신의 연약함을 강건하게 하시고 기도하는 영혼의 갈급함을 채워주시며 위로하시며 고난을 이기게 하여 주옵소서.

강단에서 말씀이 선포되어질 때 성령의 권능으로 역사하사 말씀에 능력과 은혜를 우리 모두에게 쏟아부어 주옵소서.

말씀이 우리의 심령을 깨우고 깨달으며 상처가 치유되고 주님의 은혜가 가득한 말씀이 삶에 위로와 체험이 넘쳐나게 하옵소서.

오늘뿐만 아니라 우리가 주님 앞에서 매일 삶의 감사 찬양을 부르는 예배가 되어 주님께는 영광이요 우리는 삶에 놀라운 천국의 복이 쏟아지게 하여 주옵소서.

영원히 살아 계신 길이요 진리요 생명이신 예수 그리스도 이름으로 기도합니다.
아멘.

전능하신 하나님 아버지!
우리가 심령과 진정으로 드리는 예배로 홀로 영광 받으시길 원합니다.

이 예배가 하나님께서 기뻐 담으시는 우리 모두 제물이 되어 아낌없이 드려지는 예배가 되도록 성령님 조용히 우리 심령에 임하여 주옵소서.

돌아보니 마음의 문을 열어서 듣지 않았습니다.
마음의 문을 열고 철저히 돌아서고 깨닫게 하여 주옵소서.

외식하는 자 되지 않고 나의 이기심만 채우는 형식적이고 무감각하고 무관심했던 신앙에서 벗어나게 하시고 부서지고 깨어지는 변화가 있기를 원합니다.

하나님께 겸손히 쓰임 받도록 우리를 축복하여 주셔서 끝까지 최선을 다해 믿음을 지켜내 주님 심판대 앞에 서는 날 지켜낸 믿음을 보여드리고 칭찬을 받고 찬란한 면류관을 쓰게 하여 주옵소서.

우리의 남은 날을 계수하는 지혜를 주셔서 우리의 남은 인생을 이름 없이 빛도 없이 쓰임 받는 영광을 주옵소서.

오늘도 강단에서 주시는 말씀에 뜨겁게 은혜받기 원합니다.

큰 은혜의 옷을 입혀주셔서 삶에 체험이 일어나게 하여 주옵소서. 믿음의 뿌리를 내려서 우리의 자녀들까지 믿음이 계속되어 영원히 복을 받게 하여 주옵소서.

길이요 진리요 생명이신 예수 그리스도 이름으로 기도합니다. 아멘.

memo

거룩한 주일, 복된 예배로 나올 수 있도록 인도하신 하나님 아버지 감사드립니다.

언제나 사랑하심으로 애타게 부르시는데 듣지 못하고 응답할 줄 모르는 인생들입니다.

돌아보면 하나님의 뜻을 모르는 사람처럼 마음대로 살았습니다. 믿음 없고 나약하고 연약한 모습으로 살았습니다.

주님, 용서하시고 긍휼히 여겨주시고 인도하여 주옵소서.

오늘도 성령께서 함께하셔서 은혜 충만하게 하시고 주님의 모습을 닮아 주님의 빛을 발하게 하여 주옵소서.

어두울수록 빛이 찬란하듯이 암울한 시대에 우리 믿음이 더욱 견고하게 하셔서 세상에 맛을 내는 소금으로 어둠을 밝히는 빛으로 쓰임 받게 하여 주옵소서.

우리 미래에 영원한 천국을 바라보도록 영의 눈을 뜨게 해주시고 참 평안하게 하옵소서.

오늘 소원을 두고 간절히 기도합니다.

자녀, 건강, 직장, 사업, 농토, 일터에서 하나님의 도우심을 간절히 원합니다.

우리의 사랑하는 자녀들 모두 믿음이 자녀들이 되도록 축복하여 주옵소서.

이 시간 주님만 홀로 영광 받으시고 날마다 감사와 찬양으로 영원히 홀로 영광 받으시는 매일매일 예배의 삶이 되게 하여 주옵소서.

살아계셔서 지금부터 영원까지 역사하시는 길이요 진리요 생명이신 예수 그리스도 이름으로 기도드립니다.
아멘.

생명 주인이시며 빛이신 하나님 아버지, 크신 사랑과 은총에 감사와 찬송을 드립니다.

복된 날을 주셔서 하나님을 찬양하며 예배하게 하시오니 무한히 감사합니다.

오늘도 저희 예배가 심령과 진정으로 드릴 수 있게 하시고 크신 은혜를 흡족하게 내려 주시옵소서.

일주일을 살면서 근심과 두려움으로 알게 모르게 흔들렸던 저희들, 믿음 없음을 용서하여 주옵소서.

담대한 믿음으로 살아야 할 우리가 주님을 바라보지 못하고 세상 물결로 흔들렸습니다.

주님 안에서 평안을 누리지 못했습니다.
주님, 저희들을 긍휼히 여겨 주옵소서.

저희들이 주님을 믿는 성도로서 본분을 다할 수 있는 담대하고 귀한 믿음을 주옵소서.

오늘 예배를 드림으로 저희들에게 은혜를 쏟아부어 주시어 주 안에서 형통하고 평안하게 하옵소서.

말씀에 갈급한 심령들에게는 말씀의 은혜를 쏟아부어 충만하게 하여 주옵소서.

그리하여 저희들이 세상에서 빛이 되고 소금이 되게 하시고 어둠 속에 있는 불쌍한 영혼들을 빛으로 구원하는 사명을 감당하게 하여 주옵소서.

그리하여 우리 교회가 온전히 하나님의 영광을 드러내며 부흥하는 교회가 되게 하시고 빛나는 교회로 주님께 칭찬받는 교회가 되게 하여 주옵소서.

길이요 진리요 생명이신 예수 그리스도 이름으로 기도드립니다. 아멘.

언제나 지키시고 안전하게 하시는 하나님 아버지!
경배와 찬양을 드리게 하심을 감사합니다.

아바 아버지라 부르도록 하신 긍휼의 아바 아버지 하나님을 영원토록 찬송하며 즐거워하는 하나님 나라 백성들이 여기 모였습니다.

천국 백성들로서 끝까지 쓰임 받게 하여 주옵소서.
돌아보면 부끄럽습니다.

교만하여 자신만 알고 불순종한 저희들 자신을 하나님 말씀으로 조명하며 부족한 모습을 깨닫고 회개하는 시간이 되게 하여 주옵소서.

되돌아보면 아직도 하나님보다 더 사랑하는 것들로 자신만의 성을 쌓았습니다.

내 눈에 들어있는 들보는 보지 못하는 마음의 소경된 우리들의 눈을 떠서 주님을 확실히 보게 하여 주옵소서,

천국을 보게 하여 주옵소서.

물질의 유혹으로부터 자유를 얻게 하여 주시고 교만한 자리에서 내려앉게 하시며 하나님의 선하시고 인자하시고 온전한 뜻이 무엇인지 분별하는 성도로 성령께서 깨닫게 하여 주셔서 참 복음의 일꾼으로 사용하여 주옵소서.

우리 남양교회가 예배로 모여지도록 성도들 돌아오게 하셔서 자리가 채워지며 날마다 부흥되어 영원토록 튼튼히 세워지게 하옵시고 남양교회가 어둠을 밝히는 산 위에 등대로 캄캄한 세상을 비추게 하여 주옵소서.

길이요 진리요 생명이신 예수 그리스도 이름으로 기도드립니다. 아멘.

전능하신 하나님 아버지, 감사하며 성전에 모여 예배드립니다. 예배를 받아주시고 영광 찬송 받으옵소서.

하나님의 영광이 되는 교회가 되게 하심을 믿고 감사드립니다. 돌아보면 모든 것이 하나님의 은혜이면서도 그 은혜를 잊고 살았습니다.

이 시간 은혜를 더하사 모든 성도들의 마음이 열리고 인생이 열리는 시간이 되게 하옵소서.

이곳에 사랑하는 남양교회를 세우시고 튼튼하게 하심을 믿습니다. 우리 교회 모든 성도와 가정과 자녀들이 건강하고 승리하게 하옵소서.

우리의 믿음을 통하여 하나님의 나라가 확장되고 믿음의 지경이 확장되어 언제나 이곳은 주님이 기뻐 받으시는 천국 같은 교회 되게 하옵소서.

섬김으로 수고하는 손길에 수고가 헛되지 않음을 체험하도록 복을 부어 주옵소서.

이곳에 모인 우리 모두 연약함을 강건하게 하시고 간절한 기도에 응답하시며 공고한 영혼의 갈급함을 넘치도록 은혜로 채우시고 고난을 이기게 하시며 심령의 평안을 쏟아부어 주옵소서.

강단에서 말씀이 선포되어질 때 성령께서 역사하사 말씀이 우리의 심령을 깨우고 상처가 치유되는 능력과 은혜의 말씀 되게 하옵소서.

매일 우리가 사는 날마다의 삶이 예배가 되며 찬양이 되어서 주님께 무한한 영광 돌려 영원한 복을 받게 하여 주옵소서.

길이요 진리요 생명이신 예수 그리스도 이름으로 기도드립니다. 아멘.

영원한 생명을 주신 하나님 아버지!
영원히 찬송과 영광 홀로 받아 주옵소서.

하나님 나라 백성들을 불러 날마다 그 수를 더하여 모아주시고 영광의 예배를 드림으로 하나님께 기쁨이 되는 교회가 되게 하심을 참 감사드립니다.

그럼에도 여전히 알게 모르게 믿음 없이 하나님을 사랑하지 못하고 형제들과 이웃들을 사랑하지 못하여 복음을 전하지 못하는 부끄러운 모습을 용서하시고 긍휼히 여겨 주옵소서.

이후로 새로운 변화로 믿음의 꿈을 갖고 전진하게 하시고 항상 감사와 긍정의 마음을 주셔서 말씀을 기쁨으로 받고 간절히 사모하여 어지러운 세상에 빛을 발하며 살아가는 복된 하나님 백성 되게 하여 주옵소서.

무더위 속에서도 주님을 향하는 열정을 식지 않고 더욱 주님께 가까이 나오기를 원합니다.

또한 어려운 순간마다 피할 길을 허락하신 주님, 아픔과 많은 환

란과 시험이 와도 굳건히 이기도록 언약의 주님을 의지하고 믿사오니 사악한 원수 사탄 마귀 찢어주시고 항상 주님의 말씀과 기도로 이기도록 매일 체험되게 역사하옵소서.

그러므로 오늘도 하나님의 말씀을 잘 듣기를 간절히 원합니다. 말씀이 우리의 심령을 깨우고 내면의 상처가 치유되고 날마다 은혜의 말씀을 받게 하옵소서.

길이요 진리요 생명이신 예수 그리스도 이름으로 기도드립니다. 아멘.

영원하신 사랑의 하나님 아버지!

무더운 날씨 속에 지켜주심으로 오늘도 감사하며 거룩한 이곳에 모여 예배드립니다.

방황하며 길 잃은 양들을 불러 모으셔서 날마다 그 수가 더하게 하심으로 하나님의 기쁨이 되는 교회가 되게 하심을 감사드립니다.

그런 중에도 하나님을 기쁘시게 하는 일에 관심을 두지 못하고 세상일에만 몰두하지 않았는지 돌아보며 회개합니다.

나의 가정과 자녀들과 이웃에게 복음을 전하지 못한 저희들 용서하여 주옵소서.

주님의 복음을 전할 수 있도록 믿음을 주시고 우리의 가정이 반드시 복음화되어 자녀들이 믿음의 후사가 되게 하여 주옵소서.

오늘 주실 말씀으로 은혜받고 캄캄하고 어지러운 세상에 참된 길을 발견할 수 있도록 빛으로 인도하여 주옵소서.

우리가 환경을 이기며 건강하게 하시고 주님을 향하는 믿음이 더욱더 커지고 깊어지기를 원합니다.

은혜와 기쁨의 시간 될 수 있도록 성령께서 도와 주옵소서.

힘든 순간마다 피할 길을 주신 하나님!
앞으로 많은 시험을 이기게 하시고 사악한 사탄 마귀 완전히 물리쳐 주시며 구원의 방주인 주님의 교회로 매일 들어가 살게 해주옵소서.

오늘도 들을 귀가 있어 하나님의 말씀을 제대로 듣기를 원합니다. 말씀마다 우리의 눈이 열려 심령을 깨우고 깨달으며 치유되고 축복받는 은혜의 말씀이 되게 하옵소서.

예수 그리스도 이름으로 기도합니다.
아멘.

사랑과 긍휼로 지난 한 주간 지켜주시고 연민으로 보호하여 주신 하나님의 무한하신 은혜에 감사와 찬양과 영광을 돌립니다.

뒤돌아보면 모든 것이 하나님의 은혜였습니다.

부족한 저희들을 세상의 빛이라 소금이라 선언하셨는데 소금이라 빛이라 하신 주님의 말씀을 잊고 믿음 없이 살았음을 참으로 고백하며 회개합니다.

"염려하지 마라" 하셨는데 우리는 상것 염려하며 살았음을 이 시간 고백합니다.

이제는 주님 말씀만 믿음으로 살기 원합니다.
하나님의 은혜 속에만 살기 원합니다.
하나님을 사랑하고 이웃을 사랑하는 삶을 살기 원합니다.

다른 사람 눈에 티끌을 보는 눈에서 자신의 들보를 보게 하시고 다른 사람을 판단하기에 앞서 나의 부족함을 먼저 깨닫게 되길 원합니다.

자신이 결코 우월감으로 교만함으로 살 수 없음을 깨닫게 하옵소서. 게으름과 나태함을 버리고 부지런히 열심히 오로지 주님 안에서 우리의 삶을 다스릴 수 있는 겸손한 주님의 백성 되게 하여 주옵소서.

날마다 건강과 자녀들과 사업과 농토에 하나님께서 도와주시지 않으면 하루도 살 수 없음을 깨닫는 은혜를 오늘도 우리 모두에게 내려 주옵소서.

영원히 길이요 진리요 생명이신 예수 그리스도 이름으로 기도드립니다.
아멘.

하나님 아버지!
은혜의 자리로 부르심을 진심으로 감사드립니다.

상한 심령인 우리들을 그리스도 보혈로 자녀 삼아주시고 왕 같은 제사장이라 부르시며 보배롭고 존귀하게 안아주심을 감사드립니다.

그런데도 세상에서 흔들리며 살았습니다.
마음으로는 세상을 더 좋아하고 근심하며 살았습니다.

우리의 삶을 주관하시는 주님께 더 가까이 우리의 중심이 오로지 주님만 바라보며 살게 하여 주시옵소서. 그러므로 선택받은 우리가 하나님께 인정받는 참 그리스도인들 될 수 있도록 항상 지켜 보호 인도하여 주옵소서.

많은 교회와 성도들이 있지만 점점 믿음도 열정도 식어가고 기도도 사라져 가고 있습니다.

복음 전하는 큰 뜻을 품고 기도를 쉬지 않는 성도 되게 하시며 주님을 증거하는 귀한 사명의 도구 되게 하시고 주님이 이루시려는 하나님의 나라 큰 소망 큰 꿈을 우리들이 볼 수 있게 하옵소서.

오늘 비워진 심령이 하나님의 아름다운 창고가 되어 하늘의 복을 넘치도록 부어 쌓아주신 복을 아름답게 드려짐으로 귀하게 쓰임 받기를 소원합니다.

오늘 강단의 말씀에도 은혜 쏟아부어 주시고 우리가 거룩한 남양교회에 한 지체됨을 즐거워하며 하나님 되게 하옵소서.

우리 남양교회가 성령께서 축복의 장소, 구원의 방주, 권능의 터가 되게 하옵소서.

길이요 진리요 생명이신 예수 그리스도 이름으로 기도드립니다. 아멘.

사랑의 하나님 아버지!
장마와 무더위 속에서도 우리를 지켜주시고 거룩하고 복된 날 주님께 영광 돌리는 복 받을 자리에 있게 하심을 감사드립니다.

생각해보면 살아온 순간순간들이 인도와 보호하심이 없으면 죄 가운데 빠져 방황할 수밖에 없는 어리석음뿐인데 주께서 저희들을 찾아주셔서 붙잡아주시고 인도하셨기에 아버지 품을 찾게 되었음을 무한히 감사드립니다.

주님!
이 시간 우리의 모든 허물을 용서받길 원합니다.

걸음걸음마다 아직도 세상의 즐거움과 영화만 좇지 않는지 돌아봅니다. 하나님의 은혜를 알면서도 내가 잘한 것처럼 나의 교만과 욕심만을 채우기 위해 살지 않았는지 회개합니다.

하나님의 자녀라고 하면서 자녀답지 못하게 세속에 살았던 우리의 부끄러운 모습을 이 시간 주님 용서하여 주옵소서.

추한 우리의 모든 생각과 모습들이 사라지게 하시고 이젠 천국을 사모하며 하나님 나라 백성답게 하나님 영광과 은혜만 나타나게 하여 주옵소서.

눈에 보이는 것만을 사랑치 않게 하시고 오직 우리가 사랑의 빚진 자로서 이웃들에게 우리 안에 있는 예수 그리스도의 십자가만 자랑하며 전하는 성도들로서 참된 교회로서 쓰임 받게 하여 주옵소서.

오늘 영원히 인도하시는 주님의 백성 됨을 기뻐하고 감사하며 경배와 찬양으로 예배드립니다.

홀로 영광 받으옵소서.

길이요 진리요 생명이신 예수 그리스도 이름으로 기도드립니다. 아멘.

주님의 은혜에 감사드립니다.

지난 일주일 동안도 저희들을 세상에서 지켜주시고 다시 믿음의 식구들과 함께 주님 전에 나와서 예배드리도록 인도하신 당신의 은혜에 깊이 감사드립니다.

저희들이 사모하며 준비된 찬양과 예배를 드림으로 인하여 저희가 세상에 취하여 젖어있던 마음을 씻고 은혜 충만한 시간 되게 축복하여 주옵소서.

주님의 말씀을 들을 수 있도록 들을 귀를 주시고 마음을 열어주시는 은혜, 감사히 받는 시간 되게 하옵소서. 신실한 믿음이 뿌리를 내려서 주님의 나라 위해서 복되게 쓰임 받게 하여 주옵소서.

하나님 아버지 여기 모든 성도들에게 함께 하셔서 믿음이 연약한 심령들에게는 강하고 담대한 뿌리 깊은 믿음을 주시고 은혜에 갈급하고 주린 성도들에게는 은혜를 충만하게 부으소서.

여러 일로 세상에 시달리며 고민과 근심에 빠진 성도들이 있다면 무거운 짐을 해결받는 시간 되게 하옵소서.

무엇보다도 부족한 저희들이 뒤를 돌아보며 후회보다는 회개하는 심령이 되게 하시고 언제나 새롭게 변화되기를 원합니다.

언제나 새로운 변화를 가져오는 회개가 이 예배에 항상 있게 하여 주옵소서. 새로운 변화를 통하여 우리 남양교회가 크게 부흥되어 주님 오실 그날까지 견고하게 세워져 빛나는 교회가 되게 하옵소서.

길이요 진리요 생명이신 예수 그리스도 이름으로 기도합니다. 아멘.

사랑으로 품에 안으시는 하나님 아버지!
심히 부족하고 연약하나 은혜를 사모하며 나왔습니다.

주님 뜻대로 살 것을 다짐하면서도 바쁘다는 이유로 예배에 소홀하고, 건강하지 못하면서 기도하지 않고, 말씀대로 살지 못하면서 무엇이든 잘 되기를 바라는 참 어리석은 백성임을 고백합니다.

주님 앞에 부끄러운 모습으로 살아가는 저희들을 불쌍히 여겨주시고 이 시간도 끝까지 참아주시는 주님의 사랑을 깨닫는 시간이 되게 하옵소서.

형식적이고 은혜받지 못하는 예배가 되지 않도록 오늘도 마음을 다하게 하시고 말씀에 깊은 은혜받고 하나님 기뻐하시는 참된 예배가 되도록 성령께서 이곳에 역사하여 주옵소서.

오늘도 지쳐있는 인생들을 위로하여 주시고 상처받은 심령마다 주님의 손으로 어루만져 주셔서 새 힘을 얻게 하여 주옵소서.

마음 문이 잠겨있다면 성령께서 두드려주시고 마음을 열어 딱딱한 심령이 부드러운 옥토가 되는 시간이 되게 해주셔서 영적 눈을 떠서 시야를 넓힐 수 있는 시간 되기를 원합니다.

　은혜 충만하여 예수님의 이름을 부르며 주님의 주권을 고백할 수 있는 인생이 되기를 원합니다. 먼저 저희들을 찾으시는 주님께서 오늘도 저희들의 손을 붙잡아주실 줄 믿습니다.

　길이요 진리요 생명이신 예수 그리스도 이름으로 기도합니다.
　아멘.

나의 힘, 나의 소망이신 아바 아버지 하나님!
하나님은 나의 피난처요 나의 요새요 피할 바위이시며 숨을 그늘이십니다.

찬양합니다.

평안도 없고 상처뿐인 세상에서 방황하며 살았습니다.
참된 안식 참된 평안은 오직 주님 품밖에 없음을 믿고 부르심의 자리에 주님 음성 듣고 나왔습니다.

평안하고 강건하게 하소서.
감사하게 하소서.

주님의 십자가 공로 의지하여 고백합니다.
마음에 나 중심으로만 판단하고 자신을 앞세우는 참 어리석은 모습 부끄럽습니다. 긍휼히 여겨주시며 새롭게 변화되는 시간 되게 하옵소서.

오늘, 하나님 아버지의 지극하신 사랑을 깨달아 눈을 열어서 주를 보게 하옵소서. 장막성전 같은 세상이 아닌 영원한 천국을 바라보게 하옵소서.

우리를 유혹하여 마음을 흔드는 사악한 원수 마귀를 물리쳐 주옵소서. 오직 주님 예수의 이름밖에 없습니다. 주님만이 나의 소망 나의 기쁨임을 깨닫게 하옵소서. 강하고 크신 팔로 붙들어 주옵소서.

태산이 무너지고 하늘이 요동할지라도 아버지께서 허락하지 않으시면 참새 한 마리도 땅에 떨어지지 않으리라 하신 하나님이 우리의 아바 아버지시니, 우리가 무엇이 두려우며 염려하리오.

모든 영광과 존귀와 찬송과 예배를 기쁘게 받아주시고 빛으로 걸어가게 하옵소서.

길이요 진리요 생명이신 예수 그리스도 이름으로 기도합니다.
아멘.

자비로우신 하나님 아버지!

오늘 거룩한 첫 열매를 감사로 드리며 기쁜 맘으로 영광 돌리게 하심을 감사드립니다.

돌아보니 모든 것이 감사했습니다.

어려움도 많았지만 오늘 이 자리까지 우리의 건강과 가정과 직장과 사업을 지켜주시고 축복하심을 감사드립니다.

저희들은 지난날을 돌아보면 늘 감사할 일뿐입니다.

모든 것이 하나님의 은혜임에도 감사하지 못하고 뒤돌아보면 해야 할 것은 하지 않고 하지 말아야 할 것을 하지 않았는지 돌아보며 회개합니다.

부끄러운 모습은, 하나님의 말씀을 진심으로 듣지도 못하고 실천하지 못하였습니다. 예배에 게으르고 섬기기보다 나 자신의 이기심을 먼저 앞세우며 살았습니다.

열매 없는 잎만 무성한 무화과 같은 우리를 용서하여 주시고 나

머지 반년을 부지런히 주님 말씀 따르며 살길 원합니다.

다시 밭을 갈고 믿음의 씨를 부지런히 뿌려 좋은 열매 맺고 빠른 세월을 아끼겠습니다. 부디 세상을 좇지 않고 주님만 따르게 하여 주옵소서.

오늘 부족한 첫 열매를 드리지만 받아주시고 앞으로 더 좋은 열매 많이 드리겠습니다. 항상 조건을 넘어 범사에 감사하며 죽도록 충성하여 풍성한 열매 맺도록 축복하여 주옵소서.

길이요 진리요 생명이신 예수 그리스도 이름으로 기도합니다.
아멘.

영원하신 하나님 아버지!

광야 같은 세상에서 안전한 주님 품 안으로 인도하시니 무한 감사드립니다.

푸른 초장 쉴 만한 물가로 인도하시는 하나님 아버지!

오늘 우리의 찬송과 예배를 받으시고 강단의 말씀으로 은혜를 부으셔서 생명의 양식이 되게 하옵소서.

인간의 의지와 노력보다 하나님의 도우심을 간절히 구하고 체험하여 믿음이 회복되고 큰 복을 받는 성도들 되게 하옵소서.

우리의 싸움은 혈과 육이 아니요, 악한 영들인 것을 알면서도 연약하여 믿음을 지키지 못하고 있습니다. 원수 마귀 사탄과 싸움에서 주님의 이름으로 매일 승리하게 하여 주옵소서.

우리에게 날마다 은혜를 주시며 눈에 보이는 것만 보고 감추어져 있는 영적 보화들을 잃지 않도록 은혜 충만한 복을 내려 주옵소서.

기도하기보다는 우리의 생각이 먼저 앞서지 않게 하시며 우리의 믿음이 세상 물질에 흔들리지 않게 하시고 도리어 세상을 변화시키는 힘 있는 주님의 제자가 되게 하옵소서.

　상한 심령을 위로하시고 치유해주시고 평안을 주옵소서.
　사탄의 권세 능히 찢도록 성령 충만하게 하여 주옵소서.

　우리 모두가 전도의 도구가 되기를 원합니다.
　매일 예배 중심이며 하나님 제일인 하나님 나라의 삶을 살아가도록 축복하여 주옵소서.

　길이요 진리요 생명이신 예수 그리스도 이름으로 기도합니다.
　아멘.

나의 힘이 되신 아바 아버지!
사랑하고 찬양합니다.

참 평안도 만족도 없는 세상에는 안전한 곳도 없습니다.

하나님 제일이라 생각하면서도 세상 먼저 바라보며 살았습니다. 통회합니다. 오직 십자가 예수 이름 의지하여 이 자리에 나왔습니다.

늘 마음에 품은 세상 욕망 버리고 이 시간 하나님의 나라, 아버지의 것들로 넘치도록 쏟아부어 주옵소서.

은혜받고 완전히 새로운 존재로 거듭나게 하여 주옵소서.
광야 같은 세상에서 갈급한 영혼을 소생시키시고 의의 길로 인도하시는 하나님 아버지 눈을 열어서 주님을 보게 하옵소서.

시시때때로 유혹하고 마음을 빼앗는 사악한 원수 마귀와 맞서 주님의 이름으로 싸워 물리칠 수 있는 강하고 담대하고 힘 있는 그리스도인이 되기를 간절히 원합니다.

오직 주님밖에 없습니다.
주님 이름만이 나의 능력입니다.

주의 강하고 크신 팔로, 크신 위엄으로, 크신 권능으로 당신의 사랑하는 자녀들을 붙들어 주옵소서.

땅이 변하고 산이 무너지고 하늘이 요동할지라도 아버지께서 허락치 아니하시면 참새 한 마리도 땅에 떨어지지 못하게 하시는 하나님이 우리의 아바 아버지이시니 우리가 무엇을 두려워하겠습니까.

영광과 존귀와 능력과 찬송을 받으시기에 합당하신 주님 예수 그리스도를 찬송합니다. 이 예배를 받아주옵소서.

길이요 진리요 생명이신 예수 그리스도 이름으로 기도합니다.
아멘.

경외하며 찬양하며 예배드립니다.

하나님 아버지, 참으로 감사드립니다.
홀로 영광 받으시옵소서.

저희에게 건강을 주시고 지금 생명이 있어 숨 쉬게 하심으로 오늘도 이 복된 자리에 나왔사오니 은혜 충만한 예배가 되도록 성령께서 여기에 임하여 주옵소서.

이곳에 우리의 남양교회를 세워주셔서 감사드립니다.

우리 모두가 오직 하나님의 영광을 위하여 쓰임 받기 원합니다. 연약하고 부족한 우리들이 환경을 탓하며 믿음으로 서지 못하고 주님의 말씀을 따르지 못하고 방황했던 모습을 용서하시고 십자가의 고난을 기억하며 하나님의 자녀로 세상에서 성별 되어 승리할 수 있도록 믿음을 주시옵소서.

성도들 가운데 시험 중에 있던 사람이 평안을 얻게 하시고 고통 중에 있던 영혼이 해방을 받을 수 있는 거룩한 교회 되게 하여 주옵소서.

우리들에게 믿음과 지혜를 주서서 이웃들과 가족을, 그들의 영혼을 건질 수 있도록 우리를 주님의 도구로 사용하여 주옵소서.

저희의 무지함으로 인해 전도의 문이 막히지 않게 하시고 주님의 사랑을 전하여 저들의 마음 문을 열 수 있도록 도와 주시옵소서.

우리들이 선한 행실로 복음의 씨를 뿌리는 데 반드시 쓰임 받게 하옵소서. 오늘 강단의 말씀이 은혜를 단비같이 내려 주옵소서.

길이요 진리요 생명이신 예수 그리스도 이름으로 기도합니다. 아멘.

하나님 아버지!
거룩한 성전에 나오게 하심을 감사드립니다.

광야 같은 이 세상에 사는 우리들이 살아오는 동안에 우리의 심령이 어두워지고 상하고 피곤하여 지쳤습니다. 아버지 품으로 달려 나와 위로받고 평안 얻고 새 힘을 얻고자 찾아왔습니다.

돌아온 탕자를 품어 안으시듯 우리를 안아주실 줄 믿습니다. 탕자처럼 하나님 아버지의 자녀답게 살지 못한 것이 부끄럽습니다.

주님!
우리의 허물을 용서해 주옵소서.

주님께서 "아무든지 나를 따라오려거든 자기를 부인하고 자기 십자가를 지고 나를 따를 것이니라"고 말씀하셨듯이 자기를 부인하고 자기 십자가 지고 주님을 따르는 제자가 되길 원합니다.

우리는 세상의 보이는 것을 따르며 살았습니다. 육신적인 것을 얻기 위해 전력을 다하면서도 보이지 않는 영원한 것을 잊었습니다. 우리 심령의 목은 더 마르고 갈급했습니다.

우리 심령의 만족은 하나님의 나라의 가득한 아버지의 것임을 믿습니다. 오늘 우리에게 충만한 은혜 내려 주옵소서.

주님은 누구든지 내게로 와서 마시라 하셨으니 우리의 심령에 영원한 생명수를 부어 주옵소서.

오늘도 세우신 종을 통하여 우리 심령 깊은 곳에 생명의 말씀을 부어 주옵소서. 가물어 메마른 땅에 단비를 내리듯이 은혜의 단비를 흠뻑 내려 주옵소서.

길과 진리요 생명이신 예수 그리스도 이름으로 기도드립니다.
아멘.

거룩하신 하나님 아버지!
감사와 찬양과 영광을 돌립니다.

변함없이 지켜주시는 은혜를 늘 기억하며 주님의 성전을 찾도록 성령님 인도하여 주시니 무한 감사합니다.

저희의 연약함을 도와주시고 이끌어주시는 성령의 역사하심으로 세속을 좇아 흔들리지 않고 믿음을 지키게 하심을 진심으로 감사드립니다.

그러함에도 우리들은 참 많이 부족합니다. 부족한 심령을 성령께서 사로잡아 주셔서 믿음으로 살게 하옵소서.

오늘 말씀으로 은혜 충만하게 하셔서 큰 확신과 체험하는 일이 우리 모두에게 일어날 수 있기를 소원합니다.

주님의 은혜를 사모하는 심령마다 성령 충만하여 거듭날 수 있게 하셔서 불신앙과 타협하지 않게 하시고 주님을 담대히 증거하고 사탄의 역사도 담대히 물리치는 뿌리 깊은 믿음을 주옵소서.

귀를 열어 말씀을 들음으로써 주님을 만나 믿음의 역사, 회개의 역사가 충만하게 하옵소서.

또한 삶에 지친 자들에게 평안과 위로와 꿈을 회복하게 하시고 병든 심령은 치유의 역사가 나타나게 하셔서 믿음 위에 굳게 서게 하옵소서.

기도하는 모든 성도가 체험하게 하옵소서.

주님의 몸된 교회를 위하여 충성하는 일꾼들에게 큰 복을 주셔서 풍요와 강건한 삶이 넘쳐나게 하옵소서.

영원히 찬송 받으실 예수 그리스도 이름으로 기도드립니다.
아멘.

거룩하신 하나님 아버지!
사랑과 은혜에 감사와 찬송을 드립니다.

복되고 복된 날 하나님을 찬양하며 예배하게 하시니 무한 감사합니다. 이 시간 성령님 함께 하시고 자비하신 은혜를 충만하게 내려 주시옵소서.

매일 살며 알게 모르게 지은 죄를 고백하며 회개하오니 저희들을 긍휼히 여기시고 용서하여 주옵소서.

순전한 믿음으로 살아야 할 우리가 세상의 바람에 흔들렸습니다. 주님 안에서 평안을 누리지 못했습니다.

우리에게 믿음을 주옵시고 긍휼히 여겨주셔서 주님 나라의 백성으로서 사명을 다할 수 있는 큰 믿음을 주옵소서.

말씀을 들음으로 주님을 만나는 시간 되게 하시고 위로와 평안을 쏟아부어 주시어 주 안에서 형통하게 하옵소서.

이 시간 여기 모든 성도들과 함께 하셔서 두려움으로 연약한 심령들에게는 강하고 담대한 믿음을 주옵소서.

말씀에 갈급한 심령들에게는 은혜를 쏟아부어 주셔서 복음의 사명을 다하여 우리 교회가 온전히 부흥되어 하나님의 영광을 빛내고 드러내는 교회가 되게 하시고, 이 세상에서 소금과 빛의 역할을 다하며 많은 영혼들을 주님 앞으로 인도하는 데 쓰임 받게 하옵소서.

길과 진리요 생명이신 예수 그리스도 이름으로 기도드립니다. 아멘.

사랑으로 품에 안으시는 하나님 아버지!
크신 은혜를 사모하여 이 자리에 나왔습니다.

주님 뜻대로 살 것을 다짐하면서도 세상의 바람에 흔들렸습니다. 용서하여 주시옵소서.

늘 주님 앞에서 어린아이 같은 모습의 저희들을 불쌍히 여겨주시고 기다리시고 참으시는 주님의 사랑을 깊이 깨닫는 시간이 되게 하여 주옵소서.

하나님과 멀어지고 예배를 사모하지 않는 이 시대를 보면서 절실히 깨닫지 않을 수 없습니다.

형식적인 예배
은혜받지 못하는 예배
바쁘다 하여 수시로 세상일을 먼저 택하는 오늘의 어두운 현실을 보면서도 무감각하게 여기는 어리석은 모습이 심히 부끄럽습니다.

오늘도 성령께서 임재하셔서 뜨겁게 은혜받는 시간 되게 하시고 절박한 기도로 죽어가는 영혼을 살리는 삶으로 바꿔주시기를 소원합니다.

성령의 역사하심이 강하게 체험되는 예배가 되게 하옵소서.

오늘도 지친 인생으로 살아가는 저희들을 위로하여 주시고 상처받은 심령, 주님의 손으로 어루만져 주셔서 약한 자 새 힘을 주시고, 병든 자 치유의 역사 나타나게 하여 주옵소서.

지금, 주님의 은혜를 온전히 사모할 수 있는 시간 되어 우리 모두 복음 전하는 전도자로 부름받을 수 있는 사명자 되기를 소원합니다.

감사드리며 길이요 진리요 생명이신 예수 그리스도 이름으로 기도드립니다.
아멘.

하나님 아버지!
주님의 사랑과 긍휼을 사모하며 이 자리에 나왔습니다.

마음을 다해 주님을 찬양하며 예배드립니다.
영광 홀로 받으시옵소서.

주님 뜻대로 살아야지 하면서도 자신의 생각을 먼저 선택하고 주님을 의지하지 않았습니다. 저희들은 이스라엘 백성들처럼 주님 앞에서 목이 곧은 백성입니다.

믿음 없는 저희들을 불쌍히 여겨주시고 이 시간 신앙이 더욱 새롭게 힘을 얻고 뜨거워지며 기다려주시는 주님의 사랑을 깨닫는 시간이 되게 하옵소서. 참된 믿음을 주옵소서.

예배가 점점 잊혀져 갑니다.
내가 다시 올 때 믿음을 볼 수 있겠느냐 하신 주님의 말씀이 뼈저리게 느껴지는 이 시대의 불신앙의 모습들 속에 나를 발견합니다.

바쁘다는 핑계로 수시로 세상을 먼저 택하는 오늘의 이 모습을 보면서도 깨달음도 회개도 없는 딱딱하게 굳어가도 무감각한 저희들 모습이 심히 부끄럽습니다.

성령님 역사하사 은혜 충만하게 받는 저희들 되게 하시고 뜨거운 믿음과 절박한 기도로 죽어가는 영혼을 살리고 살아있는 예배로 바꿔놓는 역사 이루어 주옵소서.

오늘도 지치고 상처받은 인생들 위로해주시고 아픈 몸 주님의 손으로 치유하여 주옵소서.

말씀의 은혜로 영적 시야가 넓어지게 하시고 주님 주권을 고백하며 온 맘 다해 하나님을 경외하며 온전히 주님께 쓰임 받기를 결단하는 시간 되게 하여 주옵소서.

영원히 우리에게 길이요 진리요 생명이신 예수 그리스도 이름으로 기도합니다.
아멘.

하나님 아버지!
언제나 보호해주시고 새해를 맞이하게 하시니 무한히 감사와 찬송과 영광을 돌립니다.

하나님은 나의 피난처요
요새요
피할 바위시오
숨을 그늘이십니다.

나의 힘이 되시며
능력이시오
산성이시며 방패 되시니
그 크신 팔로 새해에도 우리 모두를 품에 안아 주옵소서.

하나님 아버지를 찬양합니다.

새해 첫 주 십자가의 주님을 바라봅니다.
한 걸음 한 걸음 전진하게 하옵소서.

내 마음을 흔드는 사악한 사탄 원수 마귀 완전히 찢어주셔서 혼들리지 않게 하옵소서. 오직 주님밖에 없사오니 나의 마음을 강하고 담대하게 하여 주님만 따라가게 하옵소서.

이제 더 열심히 더 은혜롭게
더욱 십자가 지고 전진하게 하옵소서.

하나님의 크신 권능으로 역사하사 반드시 승리하게 하여 주시옵소서. 우리들의 자녀들과 건강과 사업과 농토에 복을 쏟아부어 주시옵소서.

우리가 어디를 가도 안전하게 하옵시고 무엇을 해도 열매를 거두고 성공하게 하옵소서. 하늘 보고를 여사 넘치도록 부어 주옵소서.

믿습니다.
우리가 무엇을 두려워하리오.
모든 영광과 존귀와 찬송을 받으시기에 합당하신 아바 아버지를 찬송하며 예배합니다. 영원히 자손만대까지 복을 내려 주옵소서.

길이요 진리요 생명이신 예수 그리스도 이름으로 기도드립니다.
아멘.

다 내게 오라 부르실 때 오늘 주님 음성 듣고 거룩한 예배 자리로 나와서 하나님께 영광 찬송 드리니 하나님 아버지 우리는 복 있는 사람들입니다.

진심으로 감사와 찬송과 영광을 돌립니다.

주님께서 사랑으로 우리를 부르시는데 여전히 주님의 음성을 듣지 못하는 성도들이 많이 있습니다.

귀를 열어 주옵소서.
주님을 바라볼 수 있도록 눈을 열어 주옵소서.

세상엔 더욱 혼란스럽고 어둠이 더 깊어갑니다.

빛은 더욱 찬란하게 빛나야 하듯이 지금 어떻게 믿으며 어떻게 살아야 하는지 깨달음을 주옵소서.

생명의 말씀을 주옵소서.

어둠을 버리고 참 빛이신 주님을 온전히 따르도록 믿음과 진실한 열정으로 신앙하도록 인도하여 주옵소서.

다시 한 번 이 땅의 성도들이 기도로 깨어 일어나 다시 한 번 빛을 발하도록 주님 도와 주옵소서.

이 시간 사랑하는 성도들 육신의 병든 몸을 고쳐주시고 마음의 상처를 어루만져 씻어주시고 우리에게 필요한 것 채워주심으로 체험이 넘치게 하여 주옵소서.

날마다 주님만이 소망이심을 알고 평안과 감사와 찬송이 계속되도록 축복하여 주옵소서.

이 시간 사랑하는 성도들 측량할 수 없는 크고 넓은 은혜를 강단의 말씀으로 쏟아부어 주심으로 갈급함을 씻어 주옵소서.

길이요 진리요 생명이신 예수 그리스도 이름으로 기도드립니다. 아멘.

영원하시고 높으신 주님을 오늘도 찬양하며 경배하게 하시니 무한한 영광과 감사드립니다.

아름다운 성전에서 사랑하는 성도님들과 함께 예배드리게 하여 주시니 참으로 감사합니다.

주님의 보혈의 값으로 세워주신 우리 교회를 지켜주셔서 사랑 안에서 하나 되게 하신 것과 우리 교회가 주님과 함께 동행하며 광야와 같은 세상에서 고난을 이겨내게 하시니 무한한 영광입니다.

생각하면 할수록 주님은 우리의 소망이시며 힘이십니다.

믿음의 역사와 사랑의 수고와 소망의 인내로 끝까지 흔들리지 않게 하시고 믿음의 반석 위에 우리 교회가 끝까지 튼튼히 지켜지며 승리하게 하여 주시옵소서.

질병이 사랑하는 성도님들의 건강을 위협하는 시대지만 주님의 능력으로 강건하게 치유하여 주시옵소서.

우리 모든 성도님들 주님의 강한 용사들이 될 줄 믿습니다.

빛을 잃어가는 시대에 빛을 발하는 등대 같은 우리 교회가 되기를 소망합니다.

섬기고 사랑하며 도우며 땅 끝까지 예수님의 증인의 삶을 살아가는 우리 모두가 되도록 성령받고 은혜 충만하게 하여 주옵소서.

강단에서 주시는 말씀으로 은혜받고 마음을 다하고 목숨을 다하고 뜻을 다하고 힘을 다하여 하나님을 사랑하고 이웃을 사랑하는 성도님들이 되게 하여 주시옵소서.

길과 진리요 생명이신 예수 그리스도 이름으로 기도드립니다.
아멘.

하나님 아버지!

나의 피난처요, 나의 요새시며, 피할 바위시며, 숨을 그늘이십니다. 나의 힘이시며, 능력이시며, 산성이시며, 방패 되시는 크신 팔로 안아주시는 하나님 아버지를 찬양합니다.

세상에는 안전한 곳이 없고 어디에도 만족함이 없사오니 내 쉴 곳은 오직 아버지 품밖에 없습니다.

새해 첫 주 주님을 바라봅니다.
내 눈의 시선이 주님을 바라보게 하옵소서.

내 시선을 빼앗고 마음을 빼앗기는 저 사악한 원수 마귀 찢어 주옵소서. 오직 나는 주님밖에 없사오니 나의 마음을 강하게 하고 담대히 하여 내 주 되시는 주님만을 바라보게 하옵소서.

주님의 강하고 크신 팔로 그 크신 위엄으로 원수 마귀 찢으시리라 믿습니다. 이제 하나님의 권능으로 아버지의 사랑하는 자녀들이 새해에는 승리하게 하여 주옵소서.

안전하게 하옵소서.

승리하게 하옵소서.
성공하게 하옵소서.
넘치도록 부어 주옵소서.
믿습니다.

우리가 누구를 두려워하리요.

모든 영광과 존귀와 능력과 찬송을 받으시기에 합당하신 아바 아버지를 찬송하며 예배합니다. 우리의 예배를 받아주옵소서.

길이요 진리요 생명이신 예수 그리스도 이름으로 기도드립니다.
아멘.

    지난 한 주간도 저희들을 은혜 가운데 살게 하시고 넘어질까 돌보시는 사랑의 하나님께 진심으로 감사와 찬양과 영광을 돌립니다.

    부족하고 연약한 저희들 오늘 예배가 예수님의 보혈의 은총으로 온전히 하나님께만 드려지는 예배가 되게 하여 주옵소서.

    저희들은 미련합니다. 고집대로 살았습니다. 주님의 말씀대로 살아야 마땅하나 말씀을 떠나 살았습니다. 세상의 풍조와 땅의 것에 소망을 두고 세상에 자녀처럼 살았습니다. 주님, 용서하여 주시고 변화되어 새로워지고 거듭나는 역사가 있게 하여 주옵소서.

    저희 교회가 더욱 부흥되기를 소원합니다. 성장시켜 주옵소서. 주님의 뜻에 따라 저희 교회가 높은 뜻을 이루는 귀한 교회로 삼아 주시옵소서. 주님의 일이라면 즐거운 마음으로 순종하게 하시고 예배로 모이며, 섬기고 기도하며 사랑하고 전도하는 사명 감당하는 교회가 되게 하여 주옵소서.

    우리를 죄에서 구원하시기 위해 십자가에서 죽으신 예수 그리스도 이름으로 기도드리옵나이다.
    아멘.